陪教师一起成长

潘云霞◎编著

河海大学出版社
HOHAI UNIVERSITY PRESS
·南京·

图书在版编目(CIP)数据

陪教师一起成长 / 潘云霞编著. -- 南京：河海大学出版社，2023.4（2025.1重印）
ISBN 978-7-5630-8218-6

Ⅰ.①陪… Ⅱ.①潘… Ⅲ.①幼儿园-教育工作-文集②中国文学-当代文学-作品综合集 Ⅳ.①G617-53 ②I217.2

中国国家版本馆CIP数据核字(2023)第067762号

| 书　　名 | 陪教师一起成长 |
|---|---|
| 书　　号 | ISBN 978-7-5630-8218-6 |
| 责任编辑 | 杜文渊 |
| 特约校对 | 李　浪　杜彩平 |
| 装帧设计 | 张育智　刘　冶 |
| 出版发行 | 河海大学出版社 |
| 地　　址 | 南京市西康路1号(邮编：210098) |
| 电　　话 | (025)83737852(总编室)　(025)83722833(营销部) |
| 经　　销 | 江苏省新华发行集团有限公司 |
| 排　　版 | 南京布克文化发展有限公司 |
| 印　　刷 | 广东虎彩云印刷有限公司 |
| 开　　本 | 718毫米×1000毫米　1/16 |
| 印　　张 | 10.5 |
| 字　　数 | 180千字 |
| 版　　次 | 2023年4月第1版 |
| 印　　次 | 2025年1月第2次印刷 |
| 定　　价 | 59.80元 |

# 目 录

**一、园所管理篇** ·································································· 001
  01　文化随想（一）：让孩子解读文化 ······························· 003
  02　文化随想（二）：做能听见的园所文化 ························· 004
  03　文化随想（三）：文化在儿童"课堂"的自然延伸 ············ 007
  04　减法，从教师案头资料开始做起 ································· 009
  05　关于幼儿园课程审议的一点思考 ································· 012
  06　聚焦真问题，推进真教研 ·········································· 015
  07　做老师的知心人 ······················································ 018
  08　幼儿作品被"下架"后的反思 ····································· 023
  09　五个"一"，让生长的故事芬芳满园 ··························· 025
  10　每个孩子都是一粒长着翅膀的种子——开学第一课：重新定义"好的教育" ································································ 029
  附1. 园长述职（一）：带着温暖和力量前行 ······················ 034
  附2. 园长述职（二）：和你在一起 ·································· 036
  附3. 园长述职（三）：成长是最美的姿态 ························· 038

**二、业务指导篇** ·································································· 041
  01　饱含期许的等待，也是一种有效的支持 ························ 043
  02　我的建构我自主 ······················································ 046
  03　创设发现儿童力量的班级环境 ···································· 048
  04　读写区如何开展好书推荐 ·········································· 053
  05　幼儿园户外写生的指导策略 ······································· 056
  06　以美术区游戏为例，谈师幼互动的三式"留白" ············ 060
  07　小小"园历"中的精彩学习 ······································· 064

- 08 以游戏分享为契机，助推幼儿语言发展 ......... 067

## 三、日记摘录篇 ......... 071
- 01 陪伴童心 ......... 073
- 02 你以为 ......... 076
- 03 爱 ......... 077
- 04 称小猪 ......... 079
- 05 请帮助我 ......... 080
- 06 读书有感 ......... 082
- 07 巡班所感 ......... 083
- 08 没有答案 ......... 085
- 09 视角 ......... 087
- 10 看见 ......... 089
- 11 如果不谈课程会怎样？ ......... 091
- 12 示范倾听 ......... 093
- 13 关于读书 ......... 095
- 14 "学会阅读"和"通过阅读来学习" ......... 096
- 15 一幅作品解读的联想 ......... 098
- 16 惊喜 ......... 100
- 17 普通者的努力亦是孤勇者的努力 ......... 101
- 18 游戏儿童 ......... 104
- 19 这种指导是否有必要 ......... 106
- 20 写给年轻的管理者 ......... 108
- 21 回头看 ......... 110
- 22 相信努力的意义 ......... 111
- 23 游戏，静静地关注 ......... 112
- 24 爱上阅读 ......... 114

## 四、儿歌散文篇 ......... 115
- 01 蝴蝶书信 ......... 117
- 02 秋天的铃铛 ......... 118
- 03 舞着的秋天 ......... 119

| | | |
|---|---|---|
| 04 | 春天的原野 | 120 |
| 05 | 香蕉船 | 121 |
| 06 | 星娃娃的生日礼物 | 122 |
| 07 | 美人蕉 | 123 |
| 08 | 春天里的电话 | 124 |
| 09 | 春晓 | 125 |
| 10 | 蹦蹦床 | 126 |
| 11 | 雨丝儿 | 127 |
| 12 | 捉迷藏 | 128 |
| 13 | 帽子 | 129 |
| 14 | 蒲公英 | 130 |
| 15 | 一个孩子向前跑去 | 131 |
| 16 | 我是天使 | 132 |
| 17 | 画春天 | 133 |
| 18 | 全家一起过节 | 134 |
| 19 | 老师,你真笨 | 135 |
| 20 | 月亮妈妈和星娃娃 | 137 |
| 21 | 秋游 | 138 |
| 22 | 音乐墙 | 139 |
| 23 | 小池塘 | 140 |
| 24 | 花裙子 | 141 |
| 25 | 美丽的歌声 | 142 |
| 26 | 奇妙的音乐会 | 144 |
| 27 | 爱唱歌的胖奶奶 | 146 |
| 28 | 谁是好朋友 | 147 |
| 29 | 红红的印章 | 150 |
| 30 | 新年快乐 | 152 |
| 31 | 科学探秘里的画与诗 | 155 |

# 园所管理篇

　　管理是幼儿园里能看见的文化，地面是否清洁，工作是否有序，员工状态如何，都能从侧面看出园所文化与团队管理能力。

　　管理是流动的，所谓流动，是指管理方式、管理策略是随着具体的问题、具体的人和事而灵活多变的，没有固化的模式。

　　作为行政团队而言，管是刚性的、硬核的，带着一点强制意味的，而理，却带着一丝柔韧、带着一团温暖。管是制度，理是文化，用制度约束人，用文化浸润人。

　　"幼儿园管理的本质是陪伴教师成长"，这是我作为一名园长，在积累多年的管理经验后得出的结论，也是我来到丹北实验幼儿园以后，对我的行政团队提出的幼儿园管理宗旨。也就是说，在行政团队做出任何决策、布置任何工作时，一定是以"教师成长"为前提。

　　教师的成长包含两个方面：

　　**1. 心灵成长**

　　一个优秀的教师首先是一个人，一个真诚的、善良的人，一个脸上带笑、眼里带光、脚下带风的人，一个内心充满温暖、充满力量的人。他关注班上的每一个孩子、关心身边的每一个同伴。在他们需要时，他有鼓励的话语、有及时伸出的双手。他包容、勇敢、积极、乐观，像一束光芒，照亮孩子、温暖同伴。

　　**2. 专业成长**

　　一个优秀的教师是一个能懂孩子的人，他知道孩子们在做什么、在说什么，他的目光时时能看见孩子、发现孩子，他是孩子心灵旅途的引渡人。他的话语并不多，更多的时候，他的身份是一个安静的陪伴者，带着微笑静静地观察、细细地聆听。他是孩子的"超人"，关键时刻恰巧出现,及时帮助、引导,又悄悄隐身。孩子的每一个创意的举动,他都有接纳、都有鼓励,一切都是那么自然。

为了让团队里更多的教师成长,成长为优秀的教师,我们要做到:

### 励志——接纳尊重

鸡蛋从外面打破,是食物;从内部打破,是生命。人生,从外面打破,是压力;从内部打破,是成长。无论是年长的、年轻的、本专业的、非专业的……接纳、认可、尊重、信任每一位教师,相信他们是一粒种子,相信他们有独特的能量,终将熠熠生辉。

### 减负——排除干扰

教育就应该是一个安静的过程,不需要那么多的干扰。每一位教师的时间是有限的,应该把有限的时间投入到有意义的工作中,增强教师的专业幸福感。因此,在工作中,要把复杂的事情简单做、把繁重的事情分解做、把重要的事件优化做,尽量把教师从事务性的工作中摆脱出来,有更多的时间去陪伴孩子、支持孩子的发展。

### 支持——发现亮点

每位教师身上都有隐藏的潜能,就像宝藏一样,等待我们去发现、挖掘。管理者要为教师搭建平台,通过多种多样的活动开发教师的潜能,让他们有机会展示自己的风采。

### 赋能——任务驱动

任务驱动,既是压力也是动力,它像一盏明灯,为教师指引方向。在下达任务明确目标的同时,也要为教师提供最直接的支持,解疑释惑,赋予他们直面困难的勇气,让他们能够努力向上,收获成功。

管理是一个庞大的系统,就像编织一张草席子,每一个人都像是草席子上纵横编织的经纬,只有做好顶层设计,把握好每一条经纬的走向,做到目标清晰、职责明确,方能高屋建瓴、轻松谋划、事半功倍。

而园长,就是那个坐在屋顶上抬头仰望着月亮、低头编织着草席的人。

# 01 文化随想(一)：让孩子解读文化

园所文化是什么？是挂在墙上的字？是园长笔下的文？是那一连串拗口相似的、问过许多人却说不出来的口号？当我第一次站到丹北实验幼儿园的大厅里，面对墙上"三色"的园标，面对"角色、彩色、本色"的文字时，我发了很长时间的呆。我在想，这图标、这文字，代表了什么？我要用怎样的理念与内涵去阐释，才能托起整个园所的文化发展呢？

开学第一天，我请大班的孩子来看大厅里的园标，看它像什么？并请老师把孩子的话语记录下来。孩子们的想象力非常丰富，有的说像一只小鸟，有的说像三片叶子，有的说像飞在天上的风筝……其中有一个孩子说："这是一颗种子，它长着翅膀！"

这句话深深地震撼了我，是的，无论成人赋予这个图标怎样的意义，但是，在孩子眼里，就是一粒长着翅膀的种子，展现出一种欲欲飞翔的样子。我又去问老师，种子代表什么？老师们回答我，种子代表着希望，代表着力量，代表着坚持不懈的努力。

绿色代表生命，代表万物生长，代表希望与祝福；橙黄代表光芒，代表温暖、勇气、幸福和力量。

这里的每一个孩子，每一个教师，这个美丽的园所，包括我这个初来乍到的园长，都是一粒长着翅膀的种子，充满着希望、酝酿着生机、携带着力量，勇敢向前。

这样的理念，不是某个专家提炼的，不是某任园长决定的，它出自一个最真实的孩子的印象，而给这个园所的文化注入新的理念、新的思考、新的内涵。

我很兴奋。

## 02 文化随想(二)：做能听见的园所文化

园所文化不仅要能让人看见，也需要让人听见。一个幼儿园最美丽的地方不是鲜花开遍的地方，而是发生着故事的地方。当幼儿园里处处都有故事，当幼儿园里人人都会讲述故事，那么文化就成了每个人心底的一盏明灯，指引、温暖着每一个人。

**听见园长讲述"我的成长故事"**

我从一名农村最基层的新手教师慢慢成长为一个骨干教师，然后慢慢走上管理岗位，曾经青春年少，曾经迷茫无措，曾经意气风发。这些年的经历在我这里汇成了一笔成长的财富，以此来告知年轻的老师们，在人生的十字路口，如何寻找自己的目标，如何面对来自工作的压力和挫折，如何摆脱困境，如何坚持自己的初心。

我不仅用自己的经历去促动老师们，还用自己的实际行动去帮助老师们。和她们聊天，指点迷津，帮助她们挖掘自己的潜力。有年轻的老师考教师资格证，我手把手地辅导；有老师想投稿却没有自信，我帮助她们一一修改文章。

到丹北实幼的五个月里，我的业务讲座每月都会按时开展。疫情居家教研期间，从周一到周五，每天下午两点我和全体教师线上相约，开展园长领读，从教育理念的转变，到教育实践的案例，我用自己的专业一点一点引领着老师们。

**听见教师讲述"我的教育故事"**

我们在教师中开展了讲述"我的教育故事"活动，有的讲"我和家长的故事"，有的讲"孩子和我的故事"，有的讲"我和配班老师的故事"……每一个走上讲台的老师，都是正在经历着故事的人。有的在工作中和家长有了误解而想方设法保持沟通，有的与小姐妹因观点不一致发生了冷战时设身处地为他人思考，有的在教育实践中不断地看到了孩子的闪光点而为之兴奋不已，有的坚守幼教岗位几十年如一日地默默奉献……

这些故事里,我们能听见温暖、能听见反思、能听见包容、能听见坚持、能听见喜悦……这样美好的品质,这样充满人性的故事,正是这个园所文化得以持续发展所彰显的力量!

从故事里生长出优秀的教师,从故事里培养丹北实幼好教师:从未长大,却从未停止生长。

**听见绘本里的故事**

三色堇园花本身就有一个生动而有趣的故事,我们以此为名,成立了"三色堇故事团",招募了一批年轻老师为孩子们录制了一个个绘本故事,通过微信公众号推送给每一个孩子,给孩子们疫情宅家的生活带来一抹温暖的亮色。

每个故事的开头,都有这样一句话:"草在结它的种子,风在摇它的叶子,我们在故事里相遇,仿佛尘世里的一朵花,看见幸福的样子!"不需要多么美妙的嗓音,不需要多么生动的话语,只需要在心底播下一粒爱的种子,绽放一张美丽的笑脸。这样的绘本讲述既激发了更多年轻老师的能量,又给她们提供了一个自我展示的舞台。

**听见小诗与园歌里的故事**

《爱与期待——丹北实幼的开学第一课》这首小诗是我刚上任的九月一号为全体教师与孩子写下的。"相遇,是美好时光的开始,然而,比美好更美好的,是期待美好事情的发生。""亲爱的孩子,在遇见你之前,我也在成长,在遇见你之后,我们正好相互陪伴,勇敢向前!"整首小诗正如它的题目,充满了爱与期待。每学期伊始的第一次教师大会上,我们都会念这首小诗,向所有教师传递着这种爱与期待。

《三色园歌》是我在疫情期间写下的:

"浅浅的小溪水,摇曳的三色堇,我和你牵手走进花的梦境;

幽幽的常青藤,旋转的大风车,我和你共同点亮星的天空。

丹北实验园,温暖的家园,绿色是生长,橙黄是光芒,

丹北实验园,有爱的家园,我们在一起,幸福的模样。"

既有幼儿园里自然风景的描写,也有对园所文化的表达,这是一种精神的召唤,也是一种文化传递出的幸福的力量。

这一组关于文化的随想,是我从写第一个字开始,就没有想过要写成规范的文章格式,只是感叹之际的随意记录。因此,我常常在思考,文化究竟是什么?余秋雨对文化做了一个最短的定义:文化,是一种成为习惯的精神价值和生活方式。接着,我又在网上找到了四句话,算是对这个定义最好的

注释：

"根植于内心的修养，

无须提醒的自觉，

以约束为前提的自由，

为别人着想的善良。"

我默默地反复念叨着这几句话，忽然领悟，这就是最基本的做人的准则与底线啊。

你看，从教育回归"让儿童成为自己"，从文化回归人性的底色，没有浓墨重彩，没有着力渲染，一切都是最初的模样，本来就该有的模样！最真实、最自然、最本色、最美好的模样！

# 03 文化随想（三）：文化在儿童"课堂"的自然延伸

幼儿园文化是每一所幼儿园对教育的信念，引领着园所的每一个人坚持正确的儿童观、教育观、价值观。而课程生长的基石，就是幼儿园文化，课程升华的过程就是让文化在教育层面不断彰显的过程。

我园以"每个孩子都是一粒长着翅膀的种子"为办园理念，希望儿童生活环境里的每一个人，都能为儿童搭建一种自然、和谐、相互陪伴又彼此成就的关系，让儿童有更多直接感知、实际操作、亲身体验的机会，有更多元的、更个性化、独属于自己的表征方式，从而让儿童成为儿童，成为原本的自己，成为更好的自己。

在这样的教育理念背景下，我园的儿童"课堂"则焕发出勃勃生机。

**第一，空间上，儿童的"课堂"在户外。**

儿童的"课堂"不是固守在一间教室里，而是打通一个没有天花板、没有围墙的幼儿园。大树下，山坡上，草丛里，到处都是儿童的"课堂"。他们可以在大自然里与泥土亲密接触，可以追风逐雨，去捕捉小虫子，去观察一片刚刚飘落的树叶。他们可以在户外阅读，聆听大自然的声响，感受自然生命的奇妙。在大自然里，他们的思想是活跃的，他们的身躯是敏捷的，他们的表现是灵动的。他们会为一次成功而欢呼，也会为一次失败而懊恼，而更多的时候，他们是专注的，专注地奔跑、专注地研究，与小伙伴倾听交流、探讨分享。有时候，他们并不需要老师介入，而是更关注于自主的探究。

**第二，内容上，儿童的"课堂"是生活。**

凡是 3~6 岁儿童感兴趣的，且所能做的经验的准备，都可以作为儿童的学习内容。简单地说，一日生活皆课程。儿童一日生活中的喝水、吃饭、睡觉、散步、游戏、入园离园都是他们的学习内容。以喝水为例，为什么要喝水？喝什么样的水？室内怎么喝水？户外怎么喝水，每天要喝多少水？怎样知道儿童每天喝了多少水？一系列的问题，都是儿童在生活中要面临的问题。他们在问题的解决中，点点滴滴建构起来的都是自我的认知。

**第三，形式上，儿童的"课堂"是探究。**

幼儿园阶段的儿童是通过直接感知、实际操作、亲身体验来获得经验的，所以，儿童在游戏中的学习方式就是探究。通过摆弄、操作、反复尝试一些材料和物品，发现这些材料和物品之间的异同点以及它们的特性。所以，要提供给儿童探究的时间，提供给儿童探究的环境，提供给儿童探究的材料，同时还要鼓励和支持儿童持续地探究。

课改不是改课。虽然中小学的老师当下能做的只能是改课，但是幼儿园由于没有现有的课程，所以幼儿园的课改能够真正地摆脱浅层次的改课，而真正地把文化的脉络触及儿童的"课堂"，把"课堂"搬进大自然，拓展儿童生命的宽度，把"课堂"内容与生活联结，提升儿童生命的高度，欣赏、鼓励儿童的探究，延展儿童生命的力度。

让儿童按照自己的生命节律生长，在充满灵性的"课堂"里自由地呼吸。

## 04 减法，从教师案头资料开始做起

"我这两天晚上做梦都在写资料……"两位年轻的老师背着包，手里捧着一叠资料，一边说着一边往幼儿园门口走去。这是我临下班时听到的对话。年轻老师的对话引起了我的关注和反思。时下正是学期临近结束的时候，各类总结、幼儿评价、条线工作汇总等资料的上交要求不断地传达下来，最后像雪花一样都堆到了老师的案头上，引发了老师们一连串的感慨和抱怨，让原本安静游戏的一日生活常态变成了孩子嬉闹的时间。她们究竟有多少手头资料要写的？哪些是重要的、必须要上交的？哪些根本就是无效的？

第二天的行政会，我给行政人员布置了一项工作，请大家回去梳理各条线每一学期需要老师们配合完成的资料，并将所有资料列出目录。

一周以后，资料目录清单放到了我的办公桌上，我打开一看，大吃一惊，就常规的资料足足有87项，还不包括临时性的工作。

又是一周的行政会，我们以教师的案头资料为切入口，开展了一次现场研讨。研讨分为三个阶段。

**明晰一个观念**

在研讨开始之际，我抛出了一个选择题："对于一个幼儿教师来说，是完成案头的资料重要还是陪伴孩子重要？"行政人员纷纷做了选择题——教师的日常工作就是观察、捕捉幼儿的兴趣与需要，持续地提供材料，跟进课程，支持幼儿的发展。因此，与资料比起来，当然是陪伴孩子重要。

但同时也有行政人员提出了自己的质疑："那资料怎么办？这些过程性的，尤其是教育教学资料，都是要拿出来检查的。如果不写怎么办？"

行政人员的质疑也是有原因的。因为幼儿园的办园管理有时需要用过程性的资料来说明，如果老师一字不写，可能在年终督查时无法交差。

写，牵扯老师过多的时间；不写，管理督查无法过关。这两方面又该如何平衡呢？

**精减一堆文稿**

这么多的资料当中,有些一定是有助于提升教师的专业发展的,是需要教师认真对待的,而一定也有一些是过程性的,是可以缩减的,不需要所有教师投入时间和精力来完成的。

于是,我抛出了第二个问题:哪些资料是必要的？哪些资料是无效的？我请行政人员一起用"留、弃、并、改、减"五字方针来梳理手头的资料。

第一是"留"。留下来的是教育教学资料,例如计划的制订、观察记录的撰写、课程审议的记录等等。这是教师的本职工作,必须认真对待,是每位教师都要掌握的。

第二是"弃"。有一些资料已经与当下的工作不太契合,例如一些月计划、学期计划等,我们干脆就全部拿掉。

第三是"并"。我们梳理出有部分安全管理的内容,后勤安全需要,卫生保健也需要。于是,我们将其合并。当老师们将电子稿上传到校内网后,哪个部门需要,哪个部门的分管行政人员就自行下载,提高了工作效率。教师完成的观察记录,添加上照片做成美篇发送到微信公众号,同时,把观察记录打印出来后放进幼儿的成长档案袋。做了一件事的同时完成了三个任务,既完成了工作,又节约了时间。

第四是"改"。有些资料在格式、内容设计上不利于教师的日常操作,我们便进行大刀阔斧地修改。例如"主题记录",我们就改成了"材料审议记录"。每周的晨谈计划中都有一次"安全与健康"的内容,同时,这个"安全与健康"的晨谈也是一次对幼儿实施的安全与健康教育,一举两得。

第五是"减"。我们一一翻阅资料后发现,有些资料根本不需要每个老师、每个班都做,于是,我们调整为,每个班可以有侧重点地选择相关内容进行记录,不再需要面面俱到。而有一些突击性的创建资料,则分散任务,请不同的班级提供不同的资料,不需要大家都来收集。

用了"留、弃、并、改、减"的方法,最后将87项资料缩减到39项,大大解放了老师的时间。

**用好当下时间**

那么,手头这些必须完成的资料,什么时候做呢？我提出了一个关键词——"当下",即,用好、用足当下的时间,而尽量不要过后抽时间去补。例如,我们和孩子们在一起交流话题,教师就可以在大纸上随手记录孩子们的问题或者请孩子们用各种表征的方式来记录,一次谈话结束,一张记录着师幼问题探究的思维导图就产生了,这就是孩子们参与的主题,这就是一次孩子们学习的过程性记录。教师在主题墙上展示也好,做成课程书也好,就不需要另外抽大量时间去布置孩子们的学习环境了。

再比如,我们的观察记录、审议记录、课题活动记录等,都是在幼儿游戏中、教师教研与科研活动中完成的。以教研活动为例,主讲人、活动内容、主持人、摄影人、记录人等,事先都会有专门的安排表,分工明确。活动中,大家各司其职,活动结束时,就完成了所有过程性资料的整理、归档。

做减法,让教师从低效的、枯燥无味的案头资料中解放出来,把时间更多地投入到对孩子的陪伴、观察与指导中,更多地投入到改变环境、调整材料以支持幼儿的发展中。因此,她们的时间是宝贵的,要通过管理让她们把有限的时间投入到自己的本职工作中去,以提升工作效能。

# 05 关于幼儿园课程审议的一点思考

要谈幼儿园课程审议,首先要了解什么是幼儿园课程。关于幼儿园课程的定义,我国一些著名的幼儿教育家提出了他们的主张。张雪门先生明确指出:"幼稚园的课程是什么?这是给三足岁到六足岁的孩子所能够做而且喜欢做的经验的预备。"[1]同时,他在《增订幼稚园行为课程》一书中说道:"生活就是教育,五六岁的孩子们在幼稚园生活的实践,就是行为课程。"陈鹤琴将大自然、大社会都是活材料概括为"活教育"的课程论,强调幼儿园应该给儿童一种充分的经验,而产生经验的环境无外乎两个:大自然和大社会。张宗麟对课程的描述则更为宽泛:"幼稚园课程者,由广义的说之,乃幼稚生在幼稚园一切之活动也。"[2]

教育部"九五"教育科学规划重点课题"中国幼儿园课程政策研究"课题所认定的幼儿园课程概念是"幼儿园课程是实现幼儿园教育目的的手段,是帮助幼儿获得有益的学习经验,促进身心全面和谐发展的各种活动的总和"[3]。这里所谓的各种活动,就是《幼儿园工作规程》中所提及的"有目的、有计划地引导幼儿生动活泼、主动活动的多种形式的教育过程。"

根据这些定义,我们回顾幼儿在园里的一日生活,游戏、吃饭、睡觉、种植、观察等,包括他所看到的环境,所接触到的人,皆是幼儿园的课程。

厘清了幼儿园课程的内涵,再来看幼儿园的课程审议。很多教师对课程审议的理解有误区。首先,她们觉得课程审议就是考核、检查,看你做得怎么样,所以课程审议的参与人员一定是教育教学管理人员才要做、才能做的事,与普通的一线教师没有关系;其次,课程审议的形式一定是严谨而规范,不是三三两两、你一言我一语的交流讨论就能完成的事。所以,一谈到课程审议,

---

[1] 张雪门.幼儿园课程[M]//戴自庵.张雪门幼儿教育文集(上卷).北京:北京少年儿童出版社,1994:24.
[2] 朱家雄,胡娟.幼儿园课程概论[M].上海:复旦大学出版社,2015:6.
[3] 王春燕.幼儿园课程概论[M].北京:高等教育出版社,2007:5.

老师们就觉得太"高大上",无法企及。

那幼儿园的课程审议究竟是什么样的？课程游戏化背景下的课程审议可以怎么开展呢？我们先来看一个小案例。

**案例描述：**

在一次教研活动中,X老师交流了一个她观察到的案例,小班的孩子在娃娃家给宝宝穿衣服,却怎么也穿不进去。于是,她想,是不是提供的玩具宝宝是布做的,太软了,如果提供一个大一点的、硬一点的塑料娃娃是不是好穿一点？一旁的W老师提出了她的建议:提供的衣服是复杂的裙子还是简单的汗衫？是不是有拉链？是不是有纽扣？L老师提出:如果是因为衣服太复杂而穿不进去,建议环境中可以有一些穿衣的流程图,例如,开衫怎么穿？套头的毛衣怎么穿？纽扣怎么扣？拉链怎么拉？……X老师按照大家的建议,打算下周调整相应的环境和材料,看一看孩子是否能够成功,还可能会出现什么样的问题。

从案例中可以看到,这个案例描述的过程,其实就是一次课程审议的经过,属于教研活动的一种形式。课程的来源就是X老师通过观察发现了游戏中孩子遇到的问题,然后引发大家的交流讨论。两位教师给予的建议,就是"成人支持"中环境、材料的调整与改变。

从案例中,我们可以看到课程审议的四个要素：

1. 为何审？课程审议就是教研活动,切实帮助教师解决工作中遇到的问题,提升教师的专业能力,优化教育行为,以便更好地支持幼儿的深度学习。

2. 谁来审？既然幼儿园里的吃饭睡觉都是课程,那么课程审议的主角应该更多的是一线教师,她们陪伴着幼儿的成长,与幼儿直接面对面地互动,她们的理念与行为对幼儿后续学习至关重要。而如果其中有教学管理人员的参与,则起到适当的启发、引导的作用,如抛出问题、追问、点拨、给出建议、引发思考等。

3. 如何审？课程审议有三种方式,第一种是个人反思,即教师自己观察后发现幼儿在游戏中存在的问题,通过自己思考问题发生的过程、分析可能存在的原因,并做出判断,反复地尝试、研究,选择调整行为、改变支持策略,从而达到解决问题的目的。第二种是配班教师之间的交流。两个人可以在幼儿午睡或放学后就今天活动中观察到的一些现象和发现的问题进行分析探讨,记录幼儿的话语和行为,共同讨论后续的支持策略。这两种审议都是不固定时间、不固定形式,带有随机性。第三种就是有计划、有组织的集体课程审议,可以是研究小组成员参与的,也可以是年级组、教研组成员共同参与的。可以是就近期年级组即将开展的重要活动进行审议,例如"大班毕业季"的活动,交流幼儿说了什么、有哪些行为表现,后续可以在环境、材料、活动形式上如何支持幼儿,幼儿有哪些收获,又发现什么问题,等等。也可以就某个班级提出的案例,群策群力,各抒己见,开展一次现场审议。集体课程审议也是一次集体的教育反思。在这三种方式中,笔者更倾向于前两种,其更灵活、更常态、更个性化,也更能促进教师的专业成长。而第三种则更多的是面对一种集体的、共性的活动,或者是前两种审议形式中遇到的困惑和问题,可以通过第三种形式来解决。

4. 审什么？第一是内容的审议,回顾教师在游戏中、生活中对幼儿的观察和捕捉到的现象,了解内容是否源自幼儿真实的生活和幼儿当下的经验;第二是核心经验的审议,运用相关理论梳理和分析活动对幼儿的价值与意义、幼儿获得发展的可能性;第三是路径、方法、策略的审议,思考可以给予幼儿哪些方面的支持,如环境、材料、资源、活动形式等;第四是成效的审议。需要教师后续的跟踪观察,以了解当环境材料等因素发生变化后幼儿的行为表现,所采用的策略是否已经解决先前的问题,是否出现新的问题。如果先前的问题已经得到解决,那么课程审议就可以结束。而如果在后续观察中,幼儿又出现了新的问题,则二次、三次审议就要跟上,继续重复先前的四个内容,直到幼儿的问题得以解决或兴趣发生转移。

幼儿园课程审议无须复杂、无须深奥、无须故弄玄虚。审议的过程,是教师个体或群体思考、梳理、分析、明辨、寻找策略、解决问题的过程,是自我反思、自我提升、自我成长的过程。课程的起点是幼儿,随着幼儿的兴趣、经验、问题生发,同时也跟随幼儿的发展而发展,可能随时消失,也可能随时发生转移,没有固定的审议形式,没有固定的审议次数,而是落脚于一个个鲜活的案例,回归到促进幼儿的身心成长与教师的专业发展中。

# 06 聚焦真问题，推进真教研

教研就是围绕幼儿园里存在的真问题进行集中研讨，集众人的智慧解决实际问题的过程。幼儿园教研的目的不是为了完成教研任务，而是切实解决教师在教育中遇到的问题和困难，进一步提升幼儿园的保教质量。

我园搬入新园后，每班均开设了建构区，同时在户外也投放了建构材料，设置了户外大型建构区域，让幼儿有了更多的机会进行建构活动。

本学期，我园组织教师对建构区的环境创设和材料投放进行了聚焦式的专项审议，通过一段时间的观察，我们发现：

（1）建构区积木严重不足，影响了幼儿的建构水平的发展；

（2）幼儿专注于建构的时间并不长，注意力经常被其他辅助材料所吸引；

（3）幼儿在建构中一遇到问题就去求助，不能独立思考并尝试自己解决问题。

于是，带着这些问题，我园开启了建构区教研之旅。

一、发现——聚焦真问题

各年级组结合《3～6岁儿童学习与发展指南》（以下简称《指南》），围绕"如何投放建构区的材料"进行分组研讨，在活动结束之后梳理出以下问题，见表1：

表1 建构区材料投放问题及调整

| 存在问题 | 初步调整 |
| --- | --- |
| 1. 积木数量提供不足，不能满足幼儿建构的需要；<br>2. 积木收藏在筐里并堆放在地上，无法对积木进行归类整理；<br>3. 辅助材料太多，分散了幼儿的注意力；<br>4. 建构区墙面的装饰华而不实；<br>5. 建构区没有地垫，幼儿建构时趴在地上 | 1. 给每班提供一整套齐全的单元积木；<br>2. 给每班的建构区配置游戏柜，专门用来摆放积木；<br>3. 先收掉所有辅助材料，让建构区纯粹些，让幼儿和积木亲密接触；<br>4. 减少建构区墙面的装饰，展示经典建筑作品、建构技能和幼儿的作品；<br>5. 在建构区铺设地垫，各班置鞋套 |

## 二、阅读——引领新方向

我们将各种关于环境创设的书籍按班级配发,每周布置任务让教师带着问题去阅读,并在年级组集中时进行分享、交流。我们不仅要知道怎么做,还要知道为什么这么做以及如何做,更要思考,当条件发生变化,也就是到我的班级里,应该怎么做。

利用周三业务学习的时间,由业务园长带头,领读书目中的建构区章节,重点学习积木建构区的七个重要阶段,每一个阶段都结合图片、案例进行解读交流,帮助教师了解幼儿建构水平的发展线索。教师可据此观察、判断幼儿积木建构的发展水平,并以此作为给幼儿搭建适宜的指导台阶、引导幼儿进一步发展的依据。

"他山之石,可以攻玉",与此同时,我们借助项目共同体读书交流群,和其他园所的教师共同阅读"建构区"章节,相互交流同类问题,不断进行观念、思维的碰撞,积极探讨解决问题的办法。

## 三、研讨——拓展全视野

每周至少有一天的固定时间开展现场浸润式的研讨。在园级层面,由园长、业务园长、教务主任分别带领各年级组教师,现场观察建构区游戏,教师自由组合,现场做记录,及时拍下幼儿游戏时的视频、图片,集中进行分享、轮流解说,每人一本《指南》,查找典型行为,引导教师学会记录孩子的表现,解读孩子的行为,逐步将《指南》的理念落实到具体的行动中。

在年级组层面,各年级组教师每周走进一个班的建构区,要求教师将看到的优点和不足都写下来,然后大家一起交流、讨论。在交流中要求人人都要发言,不管说得对错与否都要大胆表达,以此鼓励年轻教师尤其是新上岗教师发出自己的声音,说出自己的观点。而关于整理、规则、游戏等主题,关于保存作品等一系列问题,也只有在研讨过程中出现思维碰撞时才能达到最好的交流效果。

## 四、对话——嫁接新经验

在开展建构区研究的一个多月后,老师们从茫然到了解,从忽略到关注,同时也有了更多的话题与疑惑。因此,我们利用QQ群和微信群,开展了专门针对建构区的网上即时交流,老师们把观察和指导中存在的问题在教研群中提出,有专人记录,在问题梳理之后,有针对性地进行解答。同时,也对我们的老师提出要求:学会结合具体案例,提出问题,提出一个个需要解决问题的游戏情境,学会正确看待真实游戏中的幼儿。

表2是我们的问题梳理和给老师的指导建议。

表2　幼儿建构游戏问题及整改建议

| 类别 | 问题列举 | 指导建议 |
| --- | --- | --- |
| 建构技能 | 说说孩子们建构时用到了哪些建构技能 | 教师们结合孩子的建构图片在线上进行交流,及时点评,给予肯定和激励 |
| 案例分析 | 在建构游戏时,已经搭建完成了,结果"哗啦"一声,全部被小朋友弄倒了,面对这一幕,你会怎么办 | 教师们结合自身经验,线上交流自己的想法和做法。借此案例,让我们的教师学会平静地关注,引导孩子们自己想办法,制定规则去解决问题。把孩子们在游戏中遇到的问题,当成是教育的契机,学会放手 |
| 建构指导 | 孩子不会搭积木、没有按照设计图进行搭建、收拾整理太慢…… | 每一个阶段都要允许孩子反复地尝试、探索,孩子才能实现从"量"到"质"的突破。静候花开,教师除了教给孩子一些小技巧,引导孩子讨论,内心还要保持一种安静,学会等待 |

整整三个月,我们通过对环境的调整、材料投放的学习、参与游戏的实践、关注幼儿游戏的状态,建构区幼儿的专注力增强了,建构水平也提高了,老师们对幼儿的观察和指导更加专业了。

幼儿园教研必须在具体的活动过程中进行或者关注现实的活动过程,必须关注儿童、教师及环境材料等要素之间的相互关系。我们对建构区的研讨是为了更好地为幼儿服务,为他们创设适宜的建构环境,提供适合的建构材料,提高他们的建构水平,支持他们的发展。虽然在教研过程中会走弯路,会迷茫,但是只要坚持思考、不断实践、及时调整,抱着一颗为了幼儿茁壮成长的坚定信心,教研之路就不再艰辛,就会满是喜悦与收获。

# 07 做老师的知心人

幼儿教育是儿童与成人之间的对话,是"一棵树摇动另一棵树,一朵云推动另一朵云,一个灵魂唤醒另一个灵魂"。但是在这"摇动、推动和唤醒"的过程中,幼儿教师往往会感到困惑、迷茫甚至失去目标和方向。尤其是年轻教师,处事不够练达、业务不够精练,在教师群体中,要么人云亦云、小心翼翼,要么个性张扬、标新立异,加之浮躁、冲动和缺乏耐心细致的心理,往往自身的挫败感和压力要比其他人来得更强烈。

这篇文章是很多年前我刚刚做业务副园长时写的一篇旧文。在整理时翻出来,依然清晰地记得曾经发生过的三件事。当时我作为业务副园长,不仅是教师业务的领航者,也扮演着教师贴心人的角色,在引领教师专业成长的同时,也关注年轻教师的心理成长,帮助年轻教师走出心理的困惑和疑虑,从而加快专业成长的步伐。

## 一、正确认识自我,明确方向

L老师是一名中途转岗的教师,由于原来的专业与幼儿教育完全不沾边,她必须从头学起,因此是我园教师群体中一名不折不扣的新兵。

在学期初亲子班的报名中,她积极主动地推荐了自己。可是,公布的名单里却没有她。下班一回到家,我就收到了她的短信:"很多时候,人特别想听真话,哪怕是失望也甘愿承受。领导,我真的感觉很困惑,很多事情也很尽力了,不说多好,但也是真心付出了,但是很多时候真的让我感到很气馁,我不知道是我多想了还是我确实存在着许多问题,请给我解解惑吧。"

从短信的字里行间,我可以看出L老师的内心是极不平静的,也是极度失衡的。她认为,既然自己认真地付出,就应该获得相应的机会,可是她忽略了一点,此次亲子班是第一次对社区完全开放,必须保证效果,对教师的要求非常严格,必须要有专业的教学经验,而这一点,恰恰是她所缺乏的。对专业要求的认识不足,对自我能力的盲目判断,导致了她内心的失落。

打开电脑,我和她及时进行了沟通。首先,我说明了我们此次选择教师的标准,然后对照标准,帮她分析落选的原因:第一,缺乏亲子活动教学经验;第二,组织日常教学活动能力也有所欠缺;第三,普通话尚未合格。这些都是作为一个教育者的必备条件。接着,我又语重心长地对她说:"真心地付出是你努力的态度,你是这个队伍里的一员新兵,组织好常态化的教学,取得相应的幼儿教师资格是你目前所要努力的方向,要学会正确地认识自我,准确地判断自我,多听、多看、多学,以弥补专业上的先天不足,希望你早日成为一名合格的幼儿教师。"

过了一会儿,聊天窗口上一张微笑的脸发送过来。又过了一个月,当我看到L老师在课题实施中把绘本教学与歌唱活动巧妙融合时,我知道,她已经完全从落选事件的阴影中走了出来,信心满满地开始了新尝试。这时,我又不失时机地对她提出了下一阶段的新目标:"随着下学期亲子班的扩大,一定需要更多的教师加入育婴师的队伍里来。你应该从现在起就开始接触亲子教育,尝试开展亲子活动,观摩骨干教师的教学过程,争取早日站在亲子教育的舞台上。"

年轻教师积极要求上进是一件好事,但是同时也会犯盲目自信、自我陶醉的毛病。当得不到适当疏导时,会钻进死胡同,难以自拔,甚至会认为才华得不到施展是领导有意刁难她。因此,及时地帮助教师剖析自我,分析现状,明确努力的方向,是推动教师心理成长的重要环节。

**二、及时唤醒自我,提升理念**

幼儿园的工作是繁杂无序的,如果不提升观念,改变行为方式,教师往往在忙碌中被琐碎的事务、支离破碎的管理工作牵着鼻子走,必然偏离了教育的实质,失去了自我价值实现的方向。

开学伊始,园长室针对一日生活管理中出现的松散、拖拉等现象,加大了整改力度,要求教师规范幼儿一日常规,细化生活、游戏、学习环节,减少每个过度时段无所事事、消极等待的状况。经过一个阶段的巡查和考核,原先那些迟缓、拖沓的现象有了很大的改观。但与此同时,我也听到了一些老师的抱怨。年轻老师小C就是其中一位。

在谈心时,她诚恳地告诉我:"您知道吗?我很喜欢孩子,也很喜欢我现在的工作。你在专业上教了我很多,我也很感谢你。可是,这段时间,我真的太累了,我和配班老师从早忙到晚,整天围着孩子,一刻也不敢松懈。一天下来,觉得身心都很累,甚至我都开始怀疑自己,我是不是没有这个能力。"

听了她的话,我内心咯噔了一下。加强常规管理是将常态化的一日活动安排得更井然有序,使带班教师更有效地利用好时间组织幼儿活动,这与发挥教师的自主性并不相违背呀。

小C老师举了个例子:在吃点心的时候,因为要求组织有序,所以两个老师都得在场,以至于教学准备都做不了。

看看小C老师一脸的委屈和茫然失措,我明白了,小C老师是被规则与制度牵制了手脚,打乱了节奏,陷入了拘泥于规则、盲从于标准的怪圈,从而失去了主观的判断,忘记了教育的最终目的。

回到家里,我想到小C老师的困惑,便顾不上吃饭,坐在书桌前,给小C老师写了一封信。在信中,我以朋友的身份向她讲述了我以前一个人带班的经历,首先要转变自己的观念,参照标准却又不受标准的束缚,在职责允许的范围之内,最大限度地发挥自身的主观能动性。充分利用幼儿资源,"授之以渔",教给孩子自我管理的方法,挖掘幼儿自我管理的潜能,从而将教师从琐碎、繁重的事务管理中解脱出来。我将自己的经验与方法诉诸笔端,话锋一转,又语重心长地给她指出工作中存在的盲区,如做一件事之前没有经过深思熟虑就贸然动手,必然导致因考虑不周而重新来过,既浪费精力又影响情绪。再如,爱孩子不等于没有方法,虽然教的是小班,依然要注重幼儿行为习惯的养成,抓好幼儿常规,缺乏规则的班级管理必然会带来安全隐患。

在我的信发出不久以后,小C老师结婚了,在婚礼的当天,我收到了她的短信:"我会记住您教给我的一切,衷心地谢谢您!"

短短的一句话,让我如沐春风,真切地感受到了一个年轻教师从茫然不解到豁然顿悟的心理转变。

### 三、深刻反省自我,转变方式

家园合作是幼儿教育工作的重要组成部分,如何和家长形成良好的沟通、合作,是年轻教师实施班级管理的必修课之一。但是面对形形色色的家长和"家长里短"的琐碎事,年轻教师由于缺乏经验,常常感到手足无措,甚至会因为冲动和率直而不讲究方法,将"鸡毛蒜皮"激化成"暴风骤雨"。

周五放学不久,走廊里传来一阵喧闹声,一位爷爷拉着孩子的手直冲过来,吵着要见园长。我走了过去,只见爷爷手中拿着一团破破烂烂的纸,勉强可以辨认出是孩子的操作纸。这位爷爷涨红了脸,扯着嗓子喊:"人家欺负我家孩子,老师不说,我家孩子打了人家,老师倒要找我,还说我家孩子撕破了人家的纸,老师就把他的作业纸给撕了。"从家长因激动而语无伦次的话语中,我隐约猜到了事情的经过,一定是因为孩子顽皮,挨了老师的批评,而且老师在情急之余又把他的作业纸给撕了,导致家长的愤愤不平,因而大吵大闹起来。

我好言劝走了这位爷爷,径直来到教室里找班主任了解情况。S老师正两眼通红地跟闻讯而来的其他老师说着整个事件的前因后果。原来这个孩子生活在单亲家庭,爷爷奶奶总担心别人欺负这个"没娘"的孩子,所以就格外宠爱,以致孩子特别骄横,在班上总是欺负别人。今天的作业纸刚发下来,邻座几个孩子的作业纸就被他抢过来撕掉,而且还抓了其中一个小朋友的脸,老师很是生气,就把他的作业纸收来撕毁了。再加上前一段时间孩子的妈妈偷偷来看孩子,爷爷得知后很不高兴,认为老师的"告状"是刻意冲着他家来的,于是,一场冲突不可避免地发生了。

这是一个典型的年轻教师因轻率、简单、冲动而导致误会升级的案例,应该让老师自己先去冷静地反思,认识自己的错误。于是,我随口劝了几句就走开了。但是我却在暗中观察着S老师,有时看她闷闷不乐,有时在孩子面前强颜欢笑,我知道这场冲突对她的触动非常大,已经在她心底烙下了深深的印迹。

事件发生一周后,我和她有了一次促膝而谈。我开门见山地问她这段时间的感受,以及关于这件事她自己的看法。

S老师叹了口气,说:"我心里真的很难受,也不知道究竟是怎么了。其实,这个家长平时还好,没有他那天表现出来得那么吓人。主要是因为家庭矛盾让他心情很不好,老是觉得别人都针对他家孩子。前段时间孩子妈妈前来探视,他们家里人就很有意见。加上孩子最近表现确实不好,我们又冲在前面向他'告了状',他心里就更不舒服了,所以才会发生那一幕的,而且我也确实不应该去撕他的纸。"

我点点头:"其实家长也跟我们一样,会带着情绪来审视老师。"我接着说,"尤其是听到老师毫无遮拦地批评指责自己的孩子,又孩子气地撕了作业纸,他当然不愿意了。所以,开展家长工作要特别注意方法,要注意维护家长的面子,俗话说家丑不可外扬,其实家长也很不愿意让老师知道家里的这些矛盾的,我们要学会说一半,掖一半,要善于发现孩子的优点,在家长面前批评孩子一定要先说孩子最近的进步,家长就会觉得你是一个用心的老师,即使有些误解或不快都会消弭在萌芽状态。"

于是,我又和她聊起曾经发生在我身上的事例,告诉她同样的问题我也曾遇到过,也因为自己的年少轻狂和家长闹得很不愉快,但是随着时间的推移,也慢慢意识到了自己的过错和失误,从而慢慢地改变自己。所以遇到这样的事,不要因此而气馁,关键要学会思考:"这件事是怎么发生的?我怎么处理比较得当?有没有更好的解决办法?平时我要怎么做?"经常开展这样的反思,提升自己的思想和观念,积累经验,并且转化为自己的实际行动。

最后,我笑着说:"这件事发生得恰是时候,对你而言是好事,它有助于提醒你:工作上还有很多不足和需要改进的地方,学会不断地反思和积累,经验和能力就是这样来的。"

S老师迈着轻快的步伐回班级去了,望着她离去的背影,我深深地感到自己肩上担子的沉重。

年轻教师是教师专业梯队里最有朝气、最有潜质的一个群体,她们是未来的骨干,承担着幼儿园未来发展实践者的重要职责。在坚实的专业知识基础上要有一个积极的、健康的心理为基石,也只有拥有一个良好的心理素质,才能更有助于年轻教师在专业成长的道路上越走越远,越走越踏实。作为管理者,要善于把握她们的心理,捕捉她们内心细微的变化,适时地引导她们、善意地提醒她们,做她们的知心朋友,听她们倾诉心声,及时化解忧虑,指点迷津,真诚地为她们的心理成长搭建平台。

## 08 幼儿作品被"下架"后的反思

**案例描述：**

### 被"下架"的幼儿作品

新学期伊始，老师们都在班上忙着整理物品、收纳游戏材料。我在巡视过程中，信手推开教室的门走了进去，却惊讶地发现，艺术区墙面上原本琳琅满目的幼儿作品不翼而飞，只剩空荡荡的陈列架子和点缀的摆件。我惊讶地追问正在忙碌的老师。原来，老师觉得既然换了新的班级，那么原来班级幼儿的作品就会被慢慢地置换掉，所以，干脆就一次性全部"下架""拆除"，等新班级的幼儿有了作品再进行布置。

暑假临近结束时，幼儿园都会调整班级，例如，小班升到中班，中班升到大班。因此，教师上班后第一件事情，就是要整理新的教室。而部分教师往往会根据自己对班级的规划，"下架"掉认为"早就没有用"的东西。她们认为，反正迟早要换，不如趁开学时全部拿掉，墙面上干干净净，方便重新规划布置。原班级幼儿的作品被全部收掉，就是出于这样一种观念。

然而，这些幼儿的作品真的"没有用吗"？当老师们接手一个新的班级，面对"前任"留下的这些作品，该如何发挥它们的作用呢？

**阅读作品故事，营造班级氛围**

这些作品曾是大孩子们留下的学习痕迹，一幅作品就是一个故事。老师可以带领新班级的幼儿通过这些画，以及画作旁边记载的时间、签名和一些观察记录的文字，去了解作者创作时的心情、想法，并猜测曾经在这个教室里发生过哪些有趣的事，从而激发情感，使孩子们喜欢当下的班级、老师和同伴，对即将开始的新生活、新环境有一种向往和憧憬。

**欣赏作品创意，激励创作欲望**

每一幅作品就是一个高级示范的榜样，画上表现了什么内容？要用到哪些工具？是用什么材料来创作的？你们想不想也来试一试呢？老师不妨带领幼儿一起通过"看一看""说一说""试一试"的方式，开展欣赏、感受、表现、表达。这些作品出自大孩子之手，是当下幼儿学习和模仿的对象，也是他们通过尝试、学习可以达到的适宜高度，更能激发他们喜欢艺术活动的情感和大胆表现的欲望。

**呈现作品效果，点缀角落意境**

这些幼儿作品中，很多是非常优秀的创作。老师们可以把这些作品用大小适合的相框进行装裱，一是可以长期保存，二是可以作为班级或幼儿园里的环境布置和点缀。例如，大厅里、楼梯拐角处、班级区域墙面等，搭配树根树枝、绿藤小花、白色的小石子，就是一处优雅童趣、充满意境的角落。

总之，"下架"幼儿作品，看似教师随意的行为，其实背后是一种不尊重和漠视的儿童观的体现。每一个幼儿的作品都承载着一段童年美好的记忆，都是独一无二的。每一届毕业的幼儿虽然离开了幼儿园，但是他们的作品留下了，被老师、被幼儿园收纳和珍藏，那是对每一个灵动生命的尊重和欣赏、对每一个童年的致敬。

# 09 五个"一",让生长的故事芬芳满园

王安忆说过,生命不过就是一场记忆。人生很多事,是因为你记得,它才存在的。生活中,就是有某些时刻,让你特别不舍得忘记——就是要记录下来!而校园就该是这样一个记录片段、长满故事的地方,一个好校长,一个好教师,就该是一个会记录故事、会讲故事的人,记录孩子焕发智慧的故事,讲述教师专业成长的故事。

从副园长到园长,我从最初始的跌跌撞撞,到慢慢适应,再到现在的园所品牌的建设,所仰仗的正是不断地记录故事、讲述故事,再反思故事,从无到有,从差强人意到优质精彩,那些故事生动、感人,却又充满着教育智慧。

**一、一节课,找准教师成长起始点**

每个学期伊始,作为园长,我都会以"开学第一课"的方式,向所有的教师提出新学期的希望和努力的方向。而"开学第一课"的内容往往是从故事开始,从"读书的意义"到"奥运会的成败",从"子路路遇三季人"到"木桶效应新视角",每一个故事短小精悍、浅显易懂,但都能深入人心,点亮教师的心灯。通过故事,教师们明白了努力的意义,学习使用批判性思维,用包容、接纳、同理的心态对待同伴、对待团队。

在开学第一课中,我们还会让教师针对小故事传达出来的理念,结合自己的实际来交流心得,例如,在谈到"因为爱,所以我们全力以赴"时,我会让教师谈一谈"你认为的爱是什么样的?""怎样做到全力以赴?"在谈及"奥运小故事"时,我又让教师们说一说"奥运让你感受到什么?用一句话来表达!"教师通过交流,对故事、对关键词有了深刻的理解,从而更积极主动地开展工作。

开学第一课的故事,有针对全体教师的,有针对全体后勤人员的,还有针对行政管理队伍的。例如,"西游记的故事""亮剑的故事",用凝心聚力的团队精神去启示和引发她们对自我角色的反思:如何具备领导力、具备专业性,去指导教师、管理团队?

## 二、一封信，"号脉"教师发展临界点

"云中谁寄锦书来"，曾几何时，在快节奏的生活中人们习惯了电话、QQ、微信带来的便捷，却忘记了一封信中意味深长的文字带给人内心的欣喜与感动。而我却常常喜欢用这种古老的方式给老师们带来小惊喜。

例如，当有的教师因面临编制考试而焦头烂额、几乎想放弃的时候，我会给她写信，把我当初考研时的心路历程讲给她听，让她做到知难而进，每天制订自己的学习计划，做好时间管理。有的年轻教师遇到家长的误解、遭到批评或投诉时，我会给她写信，告诉她"园长也年轻过，也遇到过相似的困境"，而把我曾经的经历和如何面对问题、解决问题的故事告诉她。当听了我的故事以后，有的教师对我说："园长，是我的焦虑影响了自己的情绪，听了你的故事，我又感受到了满满的正能量，放心，我会加油的！"

一个个亲身经历的小故事，藏在一封封信里，带着温暖、带着守护，传递给身边的教师。渐渐地，教师们开始向我袒露心扉，愿意把一些小秘密分享给我，开心的、难过的、成功的、需要指点的，都私下与我交流，我也愿意去倾听她们的心声，并适时地进行点拨。

除了指导性的信件，我还会在教师生日的时候寄上一张私人定制的明信片，封面是幼儿给这位教师的写生画像，反面则是我写给这位教师的生日祝福语。有时我会以俏皮的口吻调侃，有时会以语重心长的话语引导，有时我会以名人名言加以开解。每一句祝福，都是一种期待；每一个字迹，都是一种喜欢。收到信的教师也是欢喜连连，对团队、对同事又多了信任与亲近，有了温暖大家庭的归属感。

## 三、一幅画，切入教师自我内驱点

教育是"一棵树摇动另一棵树，一片云推动另一朵云，一个灵魂唤醒另一个灵魂"。在这"摇动、推动、唤醒"的过程中，有时她们会遇到很多的困惑，也会因为犯错而感到失落。这时，园长就要用智慧的方式去理解她们、释放她们的压力。而有时候，一幅图就能帮助我讲好一个智慧的管理故事。

开学初，小班的孩子哭闹情绪很重，刚入职的小钱老师抱了这个又哄了那个，忙得不可开交。等到快放学时，才发现一个孩子将小便尿在了身上，已经捂了一下午了。家长来接孩子时很不高兴，并直接告到了园长室，认为老师极不负责任，强烈要求换班。

我们安抚完了家长的情绪，召集全体教师开会。我在大会上出示了一张白纸，问老师们："你们看到了什么？""一张白纸！"然后我用一支粗的记号笔

在纸上用力地画了几个黑色的点点,又举起来反问老师:"这一次,你们又看到了什么?""一个个黑色的点点!"老师们异口同声地回答我。

"仅仅是这些黑色的点吗?"我问老师们,"旁边还有那么多白色的部分,为什么你们就紧盯住这些黑色的点呢?"老师们渐渐地沉默不语。

于是,我开始对老师们说:"是的,今天小钱老师没有能够及时地发现孩子的异样,导致了家长的不满,确实有责任。但是,就像这个白纸一样,不仅仅有一个个黑色的点,而且还有那么大一片白色的部分,那是小钱老师未来该努力的方向,她完全可以用爱与责任把她的生命描绘得美丽精彩。"

我的话让老师们掌声如雷,也让小钱老师热泪盈眶。过后她对我说:"其实在走进会议室的那一刻,我就有了辞职的念头,但是现在,我有信心坚持下去!园长,请你相信我,我一定会努力的!"

第二年的新教师会议上,我就给新入职的教师讲述了"一幅画"的故事。我们常说"静待花开",孩子是花朵,事实上教师也是花朵,每一朵花并不是一开始都是花,我们需要学会等待,要学会做到"不问花期,静待花开"。

**四、一本书,唤醒教师专业生长点**

阅读是一名教师的日常功课,一个好的园所,也应该是飘满书香的地方。我园经常开展读书分享会,暑假、寒假期间,也会挑选一些专业类的书籍、管理类的书籍推荐给教师们进行阅读。但是我做得更多的是借书给教师们阅读,因为是借书,当然也有规定的时间。每一位教师读完后可以在篇首、在空白页面或者借助于一枚小小的书签,写上自己三言两语的读后感。

有一次,一位教师借阅后迟迟没有还给我,等到我去追问时,她对我说:"园长,这真是一本好书,我一边读一边忍不住做了摘抄,书上也被我画得红红绿绿的,我买一本新的书给你吧,你就把这本书送给我得了!"这样的请求,我当然欣然答应。不日之后,我果然收到了她赠送给我的新书。而通过这件事,我也很快捕捉到了她的兴趣,于是,"书"就成了我们之间沟通的桥梁。我们在茶余饭后经常就一本书,或者是书中的某个观点进行交流。在业务学习中,她也能经常引用书中的观点来阐述自己进行环境创设的依据。

"以书会友",在读书分享中,我还请喜欢阅读的老师来交流读书的方法,例如,用"疑问卡"来记录自己在阅读中遇到的问题,用"实践卡"来记录自己将理论结合实践的做法。在分享中,有的老师介绍自己用"番茄计时器"来掌握阅读的时间管理,以养成良好的、长期的阅读习惯。这些方式都非常适合年轻的老师们,避免阅读时"东一榔头,西一棒子"。在阅读中,很多老师都找到了自己的书友,激发了专业成长的内驱力。

**五、一册影集,引发教师价值认同点**

"有一段很漫长的故事,有一份很热烈的情怀,看见你就看见满怀的希望、笃定、安宁,你是我身边最美的那棵木棉树,站得笔直,却用满树的枝丫蜿蜒向上,以期待灿烂的花儿能映衬更美的蓝天。你曾经拥抱过的岁月,再回首时,33年的时光,为你停伫。"

这是我曾经为一位老教师写的颁奖辞。每个幼儿园里都有一批渐渐老去的教师,她们曾经把最美的时光和最好的芳华都给了这个幼儿园。"莫道桑榆晚,为霞尚满天",我们启动幼儿园文化讲坛,学习并宣讲陶行知先生、陈鹤琴先生以及丹阳五大教育家的生平故事;邀请这些老教师现身说法,讲述她们的带班故事,给年轻的教师以启迪和榜样的引领。

我们请年轻的教师为每一位老教师做一本时光影集,把老教师参加工作以来的所有照片收集起来,从网上购买了手工影集册,写上一句句的感谢语和祝福语,一位年轻教师说,我在制作的时候心里很难受,眼泪都出来了,XX老师年轻时那么美,那么有活力,一点点地看着照片里的她老去,我们真应该多关心多尊重她们……

年末的学期总结时,当看到会议室的大屏幕里自己的一张张照片放过,当听到年轻教师对她们一句句暖心的感谢和祝福,当一本本时光影集送到她们手里……这一系列的举动温暖着这些老教师的心,她们的坚守,让一批又一批的年轻老师成长起来,她们的坚守,站成一种园所传承的力量。

**结束语:**

庄子说:"独与天地精神往来,而不敖倪于万物。不谴是非,以与世俗处。"做管理,就是要让园所里的一草一木,每一个自由、灵性的生命,都能真正地释放自我,诗意地栖居在大地上。一节课、一封信、一幅画、一本书、一册记载时光的影集,都是管理的细节,让心与心贴近,让每一位教师拥有逆流而上的勇气,追逐自己内心真实的感受。

在长满故事的园所里,聆听生命拔节的声音,让每一个故事的记录都能以平凡处有温暖,以细微处见智慧,淡然、谦卑,这便是教育的高贵。

## 10 每个孩子都是一粒长着翅膀的种子
### ——开学第一课：重新定义"好的教育"

亲爱的老师们：

大家好！

新的学期开始了，我们又将开启一个又一个静候花开的日子。作为园长，我将和你们一起守护一种纯粹的教育，一起期待孩子们健康、茁壮地成长。

**一、他山之石——四者合力的好教育**

身为教育人，我一直在反思，什么是好的教育？好的教育能带给人什么样的成长？最近在阅读的一本书，似乎给了我答案。这本书是江苏省锡山高级中学唐江澎校长所著的《好的教育》。唐校长在2021年的全国政协会议上提出了"好的教育"应该是培养"终身运动者、责任担当者、问题解决者、优雅生活者"。这四个"者"的提出，也迅速刷爆了众多教育人的朋友圈，成为当年教育的热点词语。

"为谁培养人、培养什么人、怎样培养人"，是习近平总书记提出的"教育三问"，这始终是教育的根本问题，也是教育必须立足新时代深入思考的、用改革发展的实绩予以回答的问题。而"终身运动者、责任担当者、问题解决者、优雅生活者"正是对教育根本问题最好的回答。终身运动者，是健康现代人的基石，强健体魄、锻炼意志；责任担当者，是家国情怀的主张，是勇敢现代人的抱负与志向；问题解决者，是实践现代人的根本和底气；优雅生活者，是审美现代人的道德与情操。四者均指向人的全面发展，是育人的最高追求。

立德树人，源远流长。追根溯源，从匡村学校颁布的《校训释义》中提出的"良善之教化"，到县中时期提出的"做站直了的现代中国人"，到新时期提出的"生命旺盛、精神高贵、智慧卓越、情感丰满"的人，我们可以看到这所学校始终把"人的成全"作为教育的至高追求，"人"是核心要素和关键词。同时，文化在传承迭代中有了丰厚的积淀，给了这所学校温暖而又明亮的底色，成为一种蓬勃生长的过程。

## 二、循源明理——基于园本的文化链

由此而反思我们园所的文化,"每个孩子都是一粒长着翅膀的种子",这是我们幼儿园的教育理念。种子意味着什么？生命、生长、力量、未来的无限可能,是树的种子、是花的种子、是草的种子……一粒种子就是一个孩子,每个孩子都将遵循他的生长规律、特点和方式,成为他自己。

一百多年前,丹阳著名的画家、美术教育家吕凤子先生在《论美育》一书中提到"最合理教育云者,即穷异成异、穷己成己之谓。"一花一叶,每个生命都有不同的形态和需求,遵循每个生命的个性和特点,促进其有所成就,便是"成异",而要想"成异",就需要从"尊异"出发,直至"穷异"。

尊异,就要接纳、尊重儿童本来的样子,每个儿童都有自己的生长规律,有自己的学习方式和特点,因此要遵循教育规律,尊重和顺应儿童的自然生长节律,让儿童成为儿童。尊异,由谁来尊？主导者是谁？答案无疑是教师。在幼儿园教育中,教师扮演着重要的角色,如果说儿童是积极的学习者、充满无限可能的创造者,那么教师所扮演的角色就应该是有准备的成人,成为儿童的支持者、陪伴者、聆听者。每一粒种子都在努力生长,生长的环境是美的,生长的过程是美的,生长的结果也是美的,师幼生命相互映照、彼此成就。

"每个孩子都是一粒长着翅膀的种子",所传达出的儿童观、教育观一脉相承,是对教育真谛的诠释,是全园师生共同追求的价值取向。

## 三、落地生根——回归自然的游戏场

基于这样的理念,我们要重新思考基于园本化的"好的教育",我们应该怎么做？一名优秀的园丁,如何做才能致力于创造肥沃的土壤,以涵养整个生态系统,在一个充满爱且安全、稳定的环境里,积极地鼓励、引导,让充满无限可能的孩子蓬勃发展？

(一)打开自然之门:开发和利用有体验感的生态环境

幼儿园要在室内与户外创设丰富多样、多元生动的环境,在室内利用廊柱、隔断、造型别致的橱柜等,设置颇具创意的环境。如"四季桌""游戏区""私密角"等,每个角落都投放自然真实、丰富多样的操作材料,托盘里的玩具、书架上的绘本、台面上的笔和颜料,都用打开的方式呼唤幼儿前来游戏。教室里可以看到恣意开放的绚烂花朵、垂挂下来的绿植,让幼儿置身于自然与美交融的环境中。户外花园里有花草、树木、山坡、沙、水泥池等,形成可供幼儿探索、扮演、种植、阅读、运动的游戏场域。幼儿园外的大自然里也有着一年四季的风景,可带领幼儿绘制"三公里资源地图",开展远足、参观、探访、写生等活动。

## （二）架起自然之桥：丰富和拓展有参与感的课程内容

自然课程的实施内容包含"自然美、社会美、艺术美"三个方面。

自然美：在大自然、大社会中感受和欣赏自然景色，引发幼儿探究的兴趣与欲望；在游戏活动中最大限度地支持幼儿使用真实的、自然的材料，运用多种感官充分地感知和体验。

社会美：在温馨、愉悦、自由、自主的活动中建构陪伴式的师幼关系、幼幼关系；营造班集体氛围，让幼儿具有归属感；在生活中、游戏中建立有效的活动规则，帮助幼儿形成规则意识，引导幼儿有序、规范、自主地发展。

艺术美：引导幼儿欣赏多种多样的艺术形式和作品，开展绘本阅读、参加生动有趣的节日节庆等重要活动，体验文化带来的仪式感。鼓励幼儿将所感所想用多元化的方式进行个性化表达。

"自然"课程实施内容具体按照一年四季春夏秋冬分为六个主题、一百种体验，用三年的时间来感受、经历和学习，形成"丹北实幼儿童的一百种体验清单"，见表3所示：

表3　丹北实幼儿童的一百种体验清单（以新年祝福月和唤醒自然月为例）

| 季节 | 儿童体验清单 |
| --- | --- |
| 春生夏语秋色冬韵 | 一、二月：新年祝福月<br>**感受新年、体验冰雪**<br>自然美：<br>有冬天玩雪、玩冰的经历，欣赏和体验冰、霜、雪、风。<br>社会美：<br>感受拥抱、开怀大笑，一次快乐的亲子游戏体验；<br>为大家服务一次，感受自己是集体中不可或缺的；<br>有送祝福的体验，用感谢的情绪写一封信给你喜欢的人。<br>艺术美：<br>参加新年时装秀，体验对称之美，阅读关于冬天的绘本；<br>亲手做或品尝一次中华美食，体验民俗（舞龙舞狮） |
|  | 三、四月：唤醒自然月<br>**感受春天、体验自然**<br>自然美：<br>开展一次郊外踏青活动，采集自然物，捉一次昆虫，感受风，规划种植园地，有使用铲子、尺子、刀等工具的经历。<br>社会美：<br>种下一粒种子，记录它的成长；<br>为小树测量身高，为幼儿园的植物做标牌、为幼儿园的花做记录、清洗小水渠，有在雨中穿雨衣狂欢的经历；<br>关爱自然，勤洗手多喝水。<br>艺术美：<br>阅读关于春天的绘本；<br>精心装扮自己，并利用自然材料开展"惊蛰——自然唤醒节"的节日活动；<br>用绘画写生的方式记录花、草、树木的变化；<br>亲手做风筝、放风筝，户外写生 |
|  | …… |

## （三）绘就自然之书：表征和倾听有成就感的体验日记

"儿童有一百种语言，一百双手，一百个想法，一百种思考、游戏、说话的方式。"成人应该相信他们的能力，支持他们，挖掘他们的潜能，使他们的潜能得到最大限度的发挥，可以包容、悦纳每一个幼儿的自由表达，鼓励、引导幼儿尝试用自己的方式进行多元化的表征。

参与、体验：幼儿在环境中，通过运动、观察、种植、扮演等方式参与、感受和体验。绘画、表征：幼儿用符号、图画、文字、数字等方式记录自己的参与、体验过程，表达自己的感悟、发现和情绪情感。聆听、记录：幼儿用语言向教师描述自己的参与、体验过程，教师聆听并用文字进行记录。阅读、对话：教师将记录下的文字阅读给幼儿听，并进行交流对话，适当补充文字。团讨、提炼：教师梳理并发现幼儿的兴趣、问题等，通过小组活动、集体活动的方式进行指导，激发幼儿对问题的探究兴趣并提高他们发现问题、解决问题的能力。这五个步骤循环往复，每周一次。如图 1 所示。

**图 1　儿童体验日记五步循环法**

同时，教师通过对幼儿的观察、聆听、记录，从而发现幼儿、分析解读、适宜支持，从关注教到关注学、从关注知识技能到关注生命体验，用积极的爱和尊重去呵护、鼓励幼儿，架构生命与生命之间的联结，最终实现相长、共生的师幼状态。

**结束语：**

世上没有差的生命，只有差的遭遇。生命只需要正常对待，就可以正常生长。生命成长所需不多，无非阳光、雨露，而爱、信任、鼓励，就是阳光、雨露,对幼儿园而言,这就是好的教育。

亲爱的老师们,你们就是那个为种子的生长赋予阳光、雨露的人,为幼儿带来最好教育的人。

如果你们准备好了,那么,就让我们携手并肩,一起开启一段陪伴的旅程吧!

# 附1. 园长述职（一）：带着温暖和力量前行

我的生日在八月份的暑假，而2019年的八月，我过了一个特别的生日，那一天刚好是教育局对我进行民主测评，过完了这个生日，我的角色就由原来的单位换成了丹北实验幼儿园的新任园长。可以说，我是毫无准备地被推到了舞台的中央，然后两眼一抹黑地来到了这里。

我面临的是一个前所未有的复杂而陌生的工作环境，两所幼儿园，一千多名师生，只有一名副园长，分园、总园的两头奔波，开学第一个月就面临着5名教师调离和辞职。前任园长已经把这个幼儿园带到一个品牌初见成效、文化日趋成熟、特色卓有彰显的层面上，我该如何积极地应对困难，维稳、继承和向前发展？如何勇敢地挑起这副担子，如何梳理这千头万绪，如何保障幼儿园的顺利运行？

我的管理是从明晰每个条线的分工和职责开始的，是从制定和修改一份份规章制度开始的，是从重新反思文化办园路径开始的，是从一份份规划课题申报书的撰写开始的，是从连续的业务学习指导开始的，是从修改和调整作息时间、增添幼儿游戏材料开始的，是从调整后勤保障运行机制开始的。来到这里整整四个月，我没有在中午睡过一次午觉，不是召开行政会议，就是开展业务研讨；不是到班上去巡查，就是找老师个别指导、个别谈话，聆听来自一线的声音。

借助杨绛先生的一句话，在来丹北之前，我没有想过要当园长，但是，来到丹北之后，遇到再大的困难，我没有想过要退缩。每天开车四十分钟，奔波在通港路上，脑海里不停地想着，这段时间的重点工作是什么，需要哪些行政人员去落实，有哪些工作需要去协调。这一学期，我们迎接了十一次大大小小的校园安全检查，创建了食堂的"五常化"管理，高效运行了阳光食堂管理模式，开展了中大班、总园、分园共七次家园共育活动，构建让家长放心、让孩子欢欣的品牌园所。

遇见是一件美好的事情，面对全园69位教师，我常常扪心自问，我该如何带好这支队伍，引领她们的专业发展，使她们获得自我价值的认同。于是，趁着今年教育局期初下达的"教研年"的东风，我带领着全园教师开展了聚焦问题式教研活动，以问题为切入点，从时间、空间、材料等全方位推行课程游戏化,落实《指南》精神。整整一学期,我带领老师开展了各种形式的教研活动达十二次,邀请专家来园指导五次,聆听69位教师交流分享自己的观察记录、教育故事,察看29个班级的周计划、审核23位老师的活动美篇,老师们外出培训达一百多人次。我凡事亲力亲为,真正做到精细管理、教研浸润、家园合力内涵发展。

在这里,我要特别感谢石园长,是她在我最困难最迷茫的时候给了我信心和支持。同时也要感谢我们的团队,是你们的不竭动力给了我继续行走的勇气。

以梦为马,不负韶华,2019已经成为过往,丹北幼儿园会以更积极、更高昂的姿态来迎接、拥抱未来的2020。

# 附2. 园长述职(二)：和你在一起

虽然每一次在回顾过去一年的工作时，我们常常会用"不平凡"三个字来表达，但是刚刚过去的2020年，让我、让我们、让整个中华民族对"不平凡"三个字有了更深刻的体悟。

从岁末初春伊始，我们就积极投入到新冠疫情的抗击中，无数个线上会议、无数次数据调查、无数个人员摸排、无数次"云上"连线家访。从园长室到每一位行政人员，到每一位教师、每一位后勤人员，每个人都战斗在抗击新冠的最前沿。丹北实幼第一次以这样的方式体现了集体精神——"在一起"。

开学了，孩子们来得很少，怎么办？我们以前后四次线上家长会的方式，让家长了解幼儿园的教育理念、防控准备、应对预案、食堂管理、一日生活管理、幼小衔接等内容，让家长放心、安心地送孩子入园。那段时光，我们在座的所有班主任不断与家长进行沟通交流，让家长看到教师的用心，而为她们所感动。我们的教师用真、用爱践行着自己对教育的承诺。

2020年的暑假末，丹北实验幼儿园又面临着一次重大的挑战，拆并、扩班，短短一个星期的时间，我们完成了私办园600名幼儿的接收入园工作，这个工作包括：新增10个活动室、午睡室的启用；床、桌子、椅子、柜子等物资的搬运到位；环境布置到位；新增10个班级的30个教师和后勤人员到位；幼儿分配名单到位，以确保9月1日的正常、有序开学。新组建的行政团队在那一个星期里展现了强大的团结协作、不怕苦不怕累的精神。无数个人顶着炎炎烈日，上上下下地奔跑，多方协调、沟通。分管教学的，负责临时的人员招聘；分管后勤的，负责物资的搬运协调；分管家长工作的，负责与幼儿家长的沟通交流。一天无法喝一口水是常事，行政人员有的脚跟磨破了，有的口腔溃疡发作了，有的声音哑得一句话都说不出来，有的一天接打了一百多个电话。每天夜幕降临时，我们就会召开碰头会，每个分管行政领导交流各自的工作：装备是否到位？剩下的什么时候到位？教师与保育员是否到位，还差几个？如何解决？幼儿人数的调配问题还可以怎样划分？究竟还有多少孩子？哪些孩子安排到总园、哪些孩子安排在分园？一方面，我要进行数据的汇总，以便综合考虑后做下一步的分工与安排；另一方面，我要向教育局局长室和政府分管领导作汇报。现在回忆，不过是娓娓道来，似乎一切风轻云淡，但是，在那个时候,我正面临着家庭的重大变故,爱人在七月底刚刚动了手术,正是需要一个妻子照顾的时候,我的孩子刚刚高三,正是需要一个母亲关心的时候,而幼儿园里,1 700个孩子,39个班级,两所幼儿园,150个教职员工,只有我一个园长,所有人的眼睛都看着我,所有的工作都指望着我来定夺、指挥、稳定人心、稳定大局。我没有退路,只有选择坚强,勇敢向前。

这一年里,我带着老师们奔赴在幼儿园课程改革之路上,我们搭建了属于丹北实幼的课程框架,我们构建了幼儿园美丽的教育环境,我们梳理了幼儿园一日生活的样态。我通过自己的讲座,把我们的教育理念进行传播,只要到过我们幼儿园,或者是听过我的讲课,都会惊叹于我们的理念、环境与一日生活的样态设置。

这一年,我保持每周至少和一名教师进行沟通交流,每月至少一次由我组织业务学习,我们组建了六个青苗工作室的研究小组,我们形成了标准、实践、视导、反馈的闭环式考核指导机制,我们迎接了省内省外、市里市外十余次的参观、学习,同时,我们也积极地为老师搭建平台,邀请专家来园讲座、指导,送老师外出参观、培训。

前几天,我打印了自己这两年在公众号上写的随笔,大约22万字。都是自己平时点点滴滴关于教育、管理的感悟,就像燕子衔泥筑巢一般,慢慢积累而成。在座的有很多年轻的教师,有的可能刚刚踏上工作岗位,有的可能正在经历着职业的倦怠,有的也可能正被各种生活琐事牵绊着。我想对大家说,其实,如果每天晚上夜深人静之时我不写这一篇文章,可能这一天也就这样过去。同样是一天的时间,你没有收获任何东西,但是,正是每天有了一些独处、有了一些思考、有了一些积累,你的生命里就有了一份坚守,这份坚守让你有了直面命运的勇气,让你有了面对挫折的底气,让你活得坦荡、淡然、内心强大,而不至于在遇到问题时去怨天尤人,责备命运的不公平。这份坚守,还有另外一个名字,叫作不忘初心。

2020年,我没有辜负组织对自己的期望,我尽自己的全力去打造一个崭新的丹北实验幼儿园,我为每一个老师努力开辟通往专业发展的道路。

2020年,我也感谢在座的每一位教师,感谢你的不离不弃,勇敢地选择与我在一起,那么,2021年,我们一起期待精彩继续。

谢谢大家!

# 附3. 园长述职(三):成长是最美的姿态

2021年,有一种精彩,是深夜的天空被"神舟十三号"发射的光芒照亮;有一种精彩,是亿万双眼睛注视下的奥运夺冠;有一种精彩,是无数人心系的亚洲象顺利回家……这些精彩时刻,跨越了时间和空间,在每一个中国人的心上留下了印记。

这一年,我们的党度过了百年华诞;这一年,华为的孟晚舟归国,她说如果信念有颜色,那一定是中国红。在这里,我想对我的老师们说,如果成长有颜色,那一定也是中国红。

记得这学期的开学第一课,我曾经给老师们讲过一个发生在奥运会的故事,一名运动员,他的名字叫亚拉·阿扎德·阿卜杜勒·哈米德,这个名字没有人会记得住,因为他从来没有拿到过任何奖牌。他坐了十几个小时的飞机,只上场了26分钟。没有教练,没有任何人陪同,休息时一个人默默地喝水,比赛结束后只能独自匆匆地离开。他是本届奥运会难民代表团的一员,他来自伊拉克。他跋山涉水、千里迢迢来到东京,不是为了夺冠,而是为了证明他们国家的存在。

我们每一个人都和他一样,是芸芸众生中平凡普通的一员,你们中有骨干教师、有专长教师,同时也有很多人,默默扎根于教育一线,陪伴孩子、引导家长。所以我常想,无论性别、无论年龄、无论能力,只要你愿意努力、工作踏实、认真负责、谦和善良,不为一点小事斤斤计较,那么你就是我的骄傲,任何时候你站出来,都能证明你的存在,都能代表丹北实幼教师群体的形象,因为,我知道,这样的人是正在成长的人,而成长是美的姿态。

成长分为两种,一种是已经取得了很多成绩,这种成长叫作收获;另一种成长,是正在进行中的,例如,怀孕的教师依然坚守在工作岗位上,新来的老师能很快地适应新的工作岗位。有的老师总是会关注班上的孩子,思考如何引领他们变得更优秀;有的老师看到别人班级正在添置新的材料,于是认真地观摩、学习,也在班上进行了调整与创新;有的老师比以前更耐心细致地对待家长的质疑,尝试更好地解释与沟通;有的老师以前因为别人的一句评论会难过半天,而现在她变得坦荡、包容,目标明确,不为鸡毛蒜皮的事而计较了,当我走到有的老师班上,她会和我说她的发现、说她班的孩子,哪怕这个孩子的家长确实不支持工作,而她在谈起这个孩子的时候依然从容淡定、语气里充满了满满的爱;有的老师学会了从别人的经历中反思自己,并开始做出改变;有的老师再也不说"不行,不可以",而是说"我看一下,我试一试"……这样的成长叫作积蓄能量。如果说前者的收获来自专业的成长,那么后者的成长则来自内心深处的觉醒,这样的成长则更让我动容、铭记。

感谢你们成长中的收获,让我这个园长走出去都感到骄傲满满,谈起你们的名字眼里都是光芒四射。感谢你们内心深处的觉醒,这种反思型的成长,给了我引领的自信,这是一种对未来的憧憬。在群体成长面前,我个人的成绩微不足道,曾经一个人带三个园的辛苦也不值得一提,更何况,还有能干的束园长和张园长不惜远途,来到我的身边,全力地协助我、支持我。

2022年,有你们,我会走得步履轻盈、自信满满,祝福我的老师们,祝福丹北实验幼儿园明天会更好。

# 业务指导篇

"每个孩子都是一粒长着翅膀的种子",这是丹北实验幼儿园的教育理念。种子意味着什么?生命、生长、力量、未来的无限可能,是树的种子、是花的种子、是草的种子……一粒种子就是一个孩子,每个孩子都将遵循他的生长规律、特点和方式,成为他自己,而不是我们想象的、我们规定的、我们要求的那个样子。

基于这样的理念,我们要重新思考教师的责任:你是要按照尺寸和标准去设计、打造孩子的未来,还是做一名优秀的园丁,致力于创造肥沃的土壤,以涵养整个生态系统,在一个充满爱且安全、稳定的环境里,积极地鼓励、引导,让充满无限可能的孩子蓬勃发展?

世上没有差的生命,只有差的遭遇。生命只需要正常对待就可以正常生长。生命成长所需不多,无非阳光、雨露,而爱、信任、鼓励,就是阳光、雨露。

亲爱的老师,您就是那个为种子的生长赋予阳光、雨露的人。

# 01 饱含期许的等待，也是一种有效的支持

一次争论发生在关于"有效的支持策略"的观察案例评选活动中。

前五篇的案例，分别来自艺术区、生活区、读写区等观察记录，有的是基于新材料投放后的观察，教师每观察一次，发现一些问题，就做一次材料的精心调整，一次次引发孩子的深度探索。有的是因为孩子对材料不感兴趣而导致无人选择，于是，教师便用"榜样示范"的方式将这种材料的玩法展示在区域的环境中，引发幼儿的关注和讨论，从而开始尝试使用这种材料，随着教师巧妙地将环境一点点改变，孩子们的兴趣也越来越浓厚，表现出来的作品也日益丰富，并学会自己主动收集相关材料进行游戏。

这几个案例中所展现出来的典型的、有效的教师支持，毫无疑问，都得到了肯定，大家一致通过。但是争议出现在第六篇，这是一个关于益智区的"小椅子"游戏观察。

先来看教师观察的案例记录（节选，分析略）

**案例描述：**

### 益智区的"小椅子"游戏

L老师发现，午睡前孩子把自己的小椅子架到了同伴的小椅子上，再把另一个同伴的椅子继续架上去，这一行为引起了孩子和老师的关注，小朋友都想试一试、玩一玩。于是，L老师在益智区投放了游戏材料——色彩不一的小椅子，并开始关注新材料的提供会引发孩子们怎样的学习探索（见表4）。

表4 新材料提供后观察到的幼儿游戏行为

| 观察次序 | 观察到的幼儿游戏行为 |
| --- | --- |
| 第一次 | A幼儿按照蓝色和黄色开始平放排序，一直到筐里没有蓝色的小椅子为止，然后他开始数，一共排了12张小椅子 |
| 第二次 | A幼儿按照一排蓝色、一排黄色椅子进行分类 |
| 第三次 | A幼儿按照一张蓝色椅子上架一张黄色椅子进行组合排序 |

**续表**

| 观察次序 | 观察到的幼儿游戏行为 |
|---|---|
| 第四次 | A幼儿开始用4张小椅子进行一正一反的垒高架空,并在两边进行了对称的垒高架空,这期间曾出现因没有放牢而倒塌的现象,但是通过他的调整,最终非常稳固地架空成功 |
| 第五次 | A幼儿用了两张黄椅子并排放置,然后在上方分别叠加红椅子,再在红椅子上分别叠加蓝椅子 |
| 第六次 | A幼儿用红色和黄色两种颜色的小椅子一正一反地垒高叠加到了八层,并在结束后数了一遍 |

对于这篇案例,争议的焦点聚集在"教师的支持策略"上。

A老师持反对意见:这是对一个区域、一种材料持续的观察,从观察中发现孩子的学习行为、学习品质以及经验的叠加、递增,但是教师只是在一次又一次地观察、记录,并没有对材料、环境进行后续的调整,也没有对幼儿游戏进行引导,所有孩子的深度学习行为都来自孩子自发的选择和反复地尝试。

B老师不认可A教师的意见,她认为这篇案例虽然不像前面那些案例中所呈现出来的明显的、典型的行为支持,但是这是以一种亲密的陪伴、鼓励、期待、关注为基础的支持策略。当孩子一次一次地反复摆弄、尝试,甚至于当孩子在游戏期间出现材料坍塌的现象,教师是以一种包容、欣赏、鼓励的心态去赞许孩子,允许孩子试错、允许孩子的不成功,这难道不是一种教师的支持吗?

**案例评析:**

支持意味着应对、支援、赞同、鼓励、同意等。第一,当L老师关注到孩子把自己的小椅子架到同伴的小椅子上,开展一种即兴的游戏时,她敏感地捕捉到这是孩子们喜欢的架空、垒高的空间游戏,于是,就在游戏区域投放了"小椅子"的游戏材料。这种行为本身就是一种支持的策略,是对孩子兴趣与关注的支持,这也是体现了教师专业能力的一个方面——敏锐地捕捉孩子的兴趣点,生发学习的契机。第二,在整个观察的过程中,L老师全程跟踪、观察、记录幼儿对"小椅子"材料的操作、摆放情况,并逐一分析幼儿在游戏中表现出来的行为和学习能力。幼儿虽然不知道老师的意图,但是他能够感受到老师对他行为的关注,因为老师在不远处关注着他,他偶一抬头就能与老师的目光对视,这种无声的关注就是一种陪伴,是师生关系的最高境界,陪伴当然也属于一种支持策略。第三,孩子的每一次成功、每一次失败、每一次摆弄,老师不匆忙干涉、不盲目介入,而是始终抱着关注、观察的平和态度,孩子从老师关注的态度中可以接收到一种信息：你尽管努力去尝试，没有关系。这对孩子的内心也是一种莫大的鼓励与支持。所以才有了这个孩子一次又一次地选择这种材料，开展丰富多样的垒高、排序、平放等操作方式。

很多老师总以为我说了、做了、改变了、调整了，有了语言、有了行为，才是对幼儿游戏的支持。殊不知，具体案例需要具体的策略支持。当发现问题时（如幼儿对某种材料不感兴趣）、当幼儿主动提出需要教师的帮助时，这些确实都是教师适时并以适当的方式介入的好时机，或以语言指导、或以高级榜样的陪伴游戏、或以改变环境来影响幼儿等。但是，当孩子能自主操作、乐意尝试，无须提供帮助，而同时教师又坚定地相信孩子能够积极主动地学习、能够通过反复尝试、操作，甚至失败后获得成功时，她所表现出来的那种信任的神态、鼓励的目光、包含期许的等待，又何尝不是一种无言无为的支持呢？

## 02 我的建构我自主

建构游戏是幼儿每天都会开展的活动。建构区的基本材料中,一套标准的单位积木约有400块左右,且大小不等、形状各异,加上各种各样的辅助材料,对于每天游戏结束时的材料收拾整理,确实是一个大难题。因此,我们不妨把这一问题交给幼儿,引导幼儿通过思考、探索、比较、分析来解决实际游戏中遇到的问题。

**直面问题,引发讨论**

教师利用集体活动或游戏分享的时间,针对建构区材料收拾整理的问题,和幼儿共同讨论,引导幼儿去发现。建构材料的种类各不相同,有木质的单位积木,有自然材料的树枝、木片等,还有废旧材料的奶粉罐、易拉罐等。即便是单元积木,也有各种各样的形状。因此,可以用分类标志来规定每一种材料摆放的位置。

**分类标记,有序收纳**

让幼儿分头找大小不一的篓子,用笔和纸做不同的标志,用来表示不同的材料。例如,木质的单元积木,他们把标志做在柜子上,相同形状的摆放在一起。奶粉罐比较大,用大篓子来收纳;易拉罐比较小,用小篓子来收纳;树枝、木片收在一个篓子里。因为有了标志,幼儿在整理时就能摆放得井然有序。

但是,幼儿在收纳时又发现一个问题,单元积木中,大积木因为数量少,易摆放,而小积木数量多,如果要一块一块地摆放整齐,就很耗费时间。于是,幼儿调整了方式,把大积木放在柜子里一块一块地叠加垒高,而小积木则用一个篓子随意地放置。这样一来,收拾整理的速度就大大加快了。

**固定音乐,提示时间**

幼儿玩了一段时间,等老师说"收玩具了",他们再收拾,总是要比其他区域的幼儿慢一拍。于是,幼儿又围绕这个问题展开讨论。有幼儿说可以用摇铃提醒一下,时间到时就不会继续再拿积木搭建了。但也有幼儿提出来,摇铃会影响其他区域。于是,讨论后由最初的摇铃方案演变成播放音乐,且选择的音乐有一段前奏,建构区的幼儿听到前奏就可以停止搭建,开始整理。而其他区域的幼儿则可以听到正式的旋律再开始整理。这首音乐就成了区域游戏结束的固定标识,再也不需要老师去提醒了。

**保留作品,相互欣赏**

建构区搭建了一段时间,幼儿就向老师提出:我的作品可以不要拆掉吗?是呀,倾注了孩子们的智慧,体现着他们的创意,为什么一定要拆掉呢?于是,我们定下约定,建构区的作品拆还是不拆,由作品的主人说话。幼儿可以选择自己把作品用绘画的方式记录下来,可以请老师用手机把作品拍下来,也可以保留作品。游戏分享时,大家就围坐在作品旁边,由幼儿来介绍自己的搭建过程。

我们常常说,要珍视游戏和生活中的独特价值,哪些是游戏和生活中的独特价值呢?那就是幼儿在游戏和生活中遇到的问题,这些问题也是最好的教育契机,教师应当敏锐地捕捉到这一契机,引发幼儿对问题的关注,随机地生发课程,让幼儿参与问题解决的过程,提升幼儿敢于探究和尝试的良好品质。

# 03 创设发现儿童力量的班级环境

经历是一种学习,环境是孩子最大的学堂。而幼儿园环境则被誉为孩子的"第三任教师",幼儿就是在与环境的互动中获得身心发展的。教师需要全面地规划环境、管理环境,满足幼儿发展的需求,在安全、舒适、具有归属感的环境之中,帮助幼儿成为独立而有自信的学习者。

那么,在日常班级环境创设中,如何"鹰架"幼儿的发展,去发现幼儿的力量,让幼儿真正获得发展呢?我们可以从时间、空间与材料三个维度出发,开展以下尝试。

## 一、有效的时间管理

有效地帮助幼儿管理好时间,让时间具有连贯性和稳定性,可以提升幼儿自我管理能力,排除幼儿规划学习时的不可知因素,从而建立对时间的掌控感,减少幼儿的不安全感与焦虑感。

(一)可视化的作息时间

可视化的作息时间是我园近几年开展的尝试。原有的作息时间仅有文字和时间,只方便教师有效地安排自己的工作。而孩子是被教师按照时间表"牵着鼻子"走来走去,他们是茫然的、不知所措的,不知道下个时间要去哪里、需要做什么,一天的活动充满了未知感和不确定感。

实施可视化作息时间后,教师请幼儿按照一日活动安排,将一日开展的活动以图画的方式进行记录,并展示在班级显眼的位置,让时间图画作为一种指导,使得每个幼儿都能看到并知晓。幼儿每天来园后,可以对照时间与活动安排,自主地规划自己的一日活动。例如在游戏时间段,他可以了解到这个游戏的地点在哪里,大概可以玩多长时间,以此来选择自己将要进行何种游戏,思考和谁一起玩、怎么玩。可视化的作息时间,可以让幼儿主动掌握每一天活动的内容,同时也提升了幼儿自主规划的能力,为幼儿提供了独特的学习机会。

（二）弹性化的作息时间

在开展可视化作息时间的同时，江苏省课程游戏化项目建设开始推进了六个支架的实施。其中，支架六中提出"尝试实行弹性一日活动时间安排表，除了餐点和午休时间，其他时间允许老师根据活动需要灵活调配"。这一改变，由高控到放手，充分赋予了教师活动组织的自主权，这同时也意味着幼儿拥有了更多的自主掌控的时间。

在弹性化的作息时间管理中，由于将大块的时间还给幼儿，幼儿可以专注于一种活动进行深入持续的探究。以建构游戏为例，以往在高控的时间管理中，幼儿根本来不及商量，搬出积木就开始急急忙忙地搭建，由于没有深入思考的时间，作品呈现出平面、简单的状况。同样，在收拾整理环节，幼儿总是匆匆忙忙地收，甚至为了赶时间，一把就推倒完成的作品，而老师也是不断摇着手中的铃鼓，在反复地催促："××小朋友，快一点啊，就等你一个人啦！"而实行弹性作息时间后，有了大段、充分的时间供幼儿游戏，幼儿能够和同伴讨论、合作，设计图纸，在构建过程中可以根据需要不断增加新的造型。在建构游戏结束时，幼儿可以邀请其他小朋友一起来参观，介绍他的作品，甚至用笔、用照相机把他的建筑物以图画和照片的形式记录下来，还可以和老师共同协商，将已经成型的建筑物继续摆放在区域里，以便下次活动时继续增添。这一后续的活动虽然只有十分钟左右的时间，但是幼儿拥有了自主规划的权利，让幼儿深入持续地思考，总结自己的学习过程，使得幼儿更专注地、自信地投入其中，为其深度学习提供了契机。

二、灵动的空间管理

在完成时间的规划后，幼儿的发展还需要空间的支持。自主、灵动的空间，能让幼儿有更多放松、自由、舒适的感觉。那么，班级中应该营造出怎样的氛围呢？我们常常听到这样的词汇：美观，像家一样的温馨。为了让班级的氛围如同家一样美丽、舒心，我们进行了如下改变。

（一）温馨的基础设备

首先，我们改变了原有区域里的桌椅，改用了适合幼儿的小沙发、小藤椅、小碎花的地毯、软软的小靠垫、漂亮的小台灯。那些可爱的图案、淡雅的色彩、精巧的设计，无一不吸引着孩子们的注意力，往常冷清的区域，现在总是闪动着孩子们沉浸在游戏中的身影。

其次，我们换掉了桌上原有的透明垫子，改为淡淡小碎花、小格子、有着小花边的并且容易清洁打理的桌布，小朋友说："哇，好喜欢啊！就像我们家的桌布!"孩子们无论吃饭还是绘画都会格外用心,以免不小心弄脏。

最后,我们还用藤编的筐、透明的收纳盒、一目了然的托盘替代了原有的五颜六色的塑料篓子。藤编的筐触手温润,收纳盒和托盘让幼儿能清楚地看到里面摆放的材料,这些器具都让幼儿产生信赖,有归属、接纳、包容的暗示,提升了幼儿的自信心和如至家归的安全感。

(二)互动的墙面布置

墙面环境是一面会说话的墙,它具有促进幼儿学习、探究的作用。具有促进作用的墙面应该是丰富多彩、趣味盎然的,能吸引幼儿主动关注、积极学习的。让班级墙面能够真正与幼儿互动起来,也是应该值得我们思考的。

1. 灵活操作的墙面

一面对幼儿有促进作用的墙应该是可以提供给幼儿灵活操作的。所有的内容应该是可以活动的,而不是一成不变的。例如每个班的计划墙,就是一个活动的场景,能让幼儿根据自我的规划,进行区域的选择,记录每个幼儿的游戏前往的轨迹。幼儿可以张贴、分享自己的游戏心得,还有每个班的班级常规,那是孩子们自己商量制定的,张贴在墙面上,需要每个孩子共同执行,但是随着活动的深入,可能会出现新的问题,于是原有的常规又不符合新的需求,于是,孩子们又需要增添、调整新的常规。这样的墙面始终不是静止的,而是常换常新的,它让每个孩子都来参与,每个孩子都是这个班级的主人,都有归属感与获得感。

2. 支持学习的墙面

墙面要可以灵活操作,也要能够拓展孩子的经验,支持幼儿的学习。建构区里呈现的建构技能、建筑欣赏等图片,就能够给孩子以提示,丰富幼儿的建构认知。阅读区里张贴着班级里每个孩子的姓名,吸引着孩子们不由自主地拿着笔在涂鸦板上写写画画,模仿书写。美术区里或悬挂或展示着名画名作,也给孩子一种暗示,幼儿可以欣赏,也可以用来模仿学习。

墙面也可以是用来创作的图纸。我们把一米四以下的墙面全部设计成可以互动的,供幼儿学习。例如,涂鸦墙、连线墙、磁铁墙、绒布墙等,一根绳子、一块磁铁、一支粉笔,就能带给孩子们无限想象的空间,他们在游戏中自由地畅想、自主地表达,展现出丰富、奇妙的创意。

3. 展现自我的墙面

墙面环境还是一个可以给幼儿提供展现自我、展现生活、展示学习探索过程的舞台。有的墙面可以用来展示幼儿的手工、绘画等作品,打造成一方创意的天地;有的墙面用来收集孩子们游戏、生活中的照片,可以是自己的,可以是和同伴的,还可以是和家人一起的,孩子们会很自豪地说出这些照片中点点滴滴的故事;有的墙面还可以呈现出孩子们在探索中的发现,例如,在探索小麦的生长过程中,他们用图画记录下自己的发现和讨论的结果;在对地球仪进行观察后,他们学会了自己设计路线。孩子们把自己的学习过程林林总总地展现出来,布置在墙面上。这是一个包容多元、接纳每个幼儿个体差异的环境,每个幼儿在这里都可以得到认可,从而获得积极愉悦的情绪。

### 三、自主的材料管理

在时间、空间的基础上,班级环境中还需要材料的支持。材料的选择和摆放可从以下两方面入手。

#### (一)丰富的多元材料

在孩子充满童趣的眼中,一片落叶、一段枯枝、一团湿泥、一瓢清水,都是一个鲜活有趣的生命,能引发孩子无尽的想象与游戏的乐趣。

1. 自然材料

在我们的生活中,自然资源很丰富,那么,哪些材料是幼儿园班级区域中可以使用的呢?幼儿在区域游戏中可使用的自然材料包括哪些呢?一般来说,严格意义上的"自然材料是指来自然、非人为的、天然的、未经加工整理的原始素材,例如,水、树叶、水稻、羽毛、石头等"。这些材料未经修饰,纯朴自然,散发着田野的味道,给幼儿带来一种生命的气息。

2. 工具材料

班级里还需要给孩子提供工具性的材料,例如,给幼儿提供创作与书写用的各种各样的纸、笔、剪刀、小刀、胶水;进行科学探究使用的尺子、放大镜、各种量杯、透明的有刻度的瓶子;进行阅读的各种图书、点读机、书写板、字卡;进行生活操作的小手套、围裙、烹饪物品;进行表演的道具、头饰、服装等。有的工具可以一物多用,有的则具有明确的用途,但是每一件工具都有一种或多种价值的取向。

3. 装饰材料

有些材料是艺术创作中所特别需要的,如装饰材料,包括彩色的小珠子、纽扣、花边、小夹子、彩棒、吸管、毛根、毛球、毛线……这些色彩绚丽的低结构材料,能引发幼儿无限想象与创意,激发幼儿的表现欲望,让幼儿能够自主选择、自由表达。

4. 废旧材料

老师们还经常鼓励幼儿和家长从家里带来一些日常生活中已经不用的

废旧材料。收集到的材料首先会由小朋友或家长放置到一个整理箱里,由每班的老师和保育员阿姨进行最初的整理和清洗,除去对幼儿有伤害的锋利棱角、多余的泥土等,保证材料的卫生洁净。这些物品也是孩子们用来游戏的、简易、省钱又实用的好材料。

(二)便捷的摆放设计

所有的材料收集整理到一起,一定需要有序地摆放,帮助幼儿形成规则,建立一定的秩序感,同时还要能够方便幼儿的取放、收拾、整理。

1. 位置固定

所有的材料必须做到位置固定,班级里的每个孩子都必须要知道哪一种材料放在哪个地方,做到心中有数。材料摆放要固定,除了能够方便幼儿游戏时灵活取放外,也是在帮助幼儿建立秩序感,让幼儿真正成为班级的主人、自己的主人。

2. 透明敞开

收纳材料的盒子必须是透明的或者是敞开式的,无论是教师还是幼儿,都要能一眼看到里面摆放的是什么材料,可以用来做什么,这样,孩子在拿材料时就可以很快作出选择,并能方便地拿到,而不需要左看右看地浪费游戏时间。

3. 分类标记

因为材料的丰富性与多元化,需要教师和孩子们一起将材料进行分类,并做好相应的标记,以便幼儿拿去游戏后要归还时能很快找到原有的位置,方便下一次游戏或其他幼儿的取放。

**结束语:**

努力给幼儿创造丰富多样的游戏环境,让幼儿真正成为学习的主人,真正在活动中体现自由、自主、创造、愉悦的游戏精神。提供时间、空间、材料,说到底,其实还是希望"幼儿园课程更贴近生活,更生动一些,更有趣一点,活动形式更多样化一点。幼儿动用多种感官探究、交往和表现的机会更多一些,幼儿的自主性和创造性更充分一些"。

最后值得一提的是,除了有效地提供时间、空间、材料之外,还需要教师信任、接纳每一位孩子,尊重幼儿的个体差异,理解幼儿独特的学习方式和特点,与每一位孩子建立积极的依恋关系,真正使得每一位孩子都能在游戏活动中发现自己有能力、有权力,从而看到自己的力量。

## 04 读写区如何开展好书推荐

教师要经常审视自己班上读写区的材料,为幼儿提供丰富、适宜的低幼读物,经常和幼儿一起看图书、讲故事,丰富其语言表达能力,培养其阅读兴趣和良好的阅读习惯,进一步拓展学习经验。因此,在读写区进行材料投放时,教师会根据幼儿的年龄阶段投放相应类别、相应数量的图书,尤其还会对一些图书进行重点推介,以"好书推荐"的方式单独地陈列在书架上。

那么,什么样的图书能够被隆重推出,成为读写区里推荐的对象呢?我们不妨这样做。

**生活预约制——预设相关的图书**

春夏秋冬四季的多彩变幻,谷雨、清明、大雪等节气的缤纷时光,这些时节变化带来了大自然的美丽纷呈,与孩子们的生活联系密切,他们可以在春天闻到沁人心脾的花香,在秋天欣赏黄叶萧瑟蝶舞,在夏天参加嬉水的狂欢与清凉,在冬天奔赴一场与雪的相约。每当相关的季节、节气来临时,教师就可以事先投放与其相关的图书,鼓励孩子们先去看一看、读一读,了解与这些时节相关的活动。

例如春天到来时,教师会把《遇见春天》《一粒种子的旅行》《彩虹色的花》等与春天相关的图书作为好书推荐。而等到秋分、寒露等节气时,又可以把相关节气的绘本推荐给孩子们,例如《二十四节气》《二月二》等绘本。

除了四季和节气外,在孩子们的生活中还会经历很多的节日,如新年、重阳节、端午节、中秋节、国庆节等。在这些节日到来之际,教师也会给孩子们读一些《年的传说》《团圆》《幸福的大桌子》《粽子的故事》等绘本,这些书也可以作为好书推荐的内容。

**话题聚焦制——拓展经验的图书**

除了与幼儿生活相关的节日、节气之外,教师还应该在游戏中、生活中敏锐地捕捉幼儿的兴趣,例如,他们关注的热点话题、近期小组正在探究的项目主题等,以真正做到"科学观察、正确解读、有效支持",及时有效地拓展幼儿的生活经验,以材料支持的方式唤起幼儿深入持续探索的欲望。

例如,孩子们最近在建构区研究搭建飞机、汽车等交通工具,他们对这些交通工具的外形、内部构造很感兴趣,交流、分享坐飞机、坐汽车的经验,这一现象被教师关注到,她和幼儿一起从家里带来了《揭秘交通工具》《飞机场的一天》等图书,投放在好书推荐的书架上,邀请所有参与研究的孩子们都来读一读。这些书被借阅到建构区,孩子们仔细地观察、研究、讨论后,所建构的作品变得更为细致、丰富。

**集体选票制——评选喜欢的图书**

按照人手至少5~8本书、区域能容纳4~6个人计算,读写区至少会有二三十本书,这个数字还会随着时间的推移而不断增加。那么,这么多的图书,孩子最喜欢哪一本呢?我们可以用投票的方式进行选择。

幼儿把自己阅读过的书一一列举,设计成图表,让全班所有幼儿进行投票,在自己最喜欢的图书下方做出相应的标记,最后进行统计,得票最多的图书就可以成为好书推荐的书目,让所有的小朋友都来读一读,并对图书中相关的内容进行讨论、分享和交流。

《一条聪明的鱼》就是大班的孩子通过投票方式选出的图书。教师和孩子们一起阅读这本图书,并分成三个阶段邀请孩子一起讨论这本书的内容。前两个阶段是话题式的讨论:"哪一页很有趣?""看不懂的是什么地方?""这条鱼究竟有多聪明?""它的梦想是什么?""它是如何实现梦想的?",最后一个阶段是让孩子们一起来创编故事的结尾。整个过程,表面看是一个投票推选好书的过程,但同时也是追随孩子的兴趣,及时生发课程,引导孩子深度阅读的过程。

**父母推荐制——亲子分享的图书**

有些年轻的父母自身比较爱阅读,也能够每天坚持带领孩子开展亲子阅读,有着比较浓厚的书香家庭氛围。在家园合作的过程中,可以邀请这样的父母给孩子们推荐好书。孩子们可以将自己在家里和爸爸妈妈一起阅读过的图书带到幼儿园里来,并且在图书分享时间和其他小朋友一起阅读。

父母推荐的好书是一种亲子图书漂流的过程,也是好书共享的过程。孩子们不仅可以阅读到更多的图书,同时也有了主动分享、交流的意识。在家园日里,还可以以"爸爸助教团""妈妈故事营"的方式邀请他们的爸爸妈妈走进读写区,给孩子们讲故事。

**音频点播制——视听配套的图书**

我们每周利用幼儿园微信公众平台推送一个故事。这些故事也以CD、U

盘等拷贝方式带入幼儿园读写区，幼儿游戏时间、午睡时间都可以用来倾听故事。同时，读写区也有与之配套的图书，方便幼儿一边倾听故事一边阅读。这些图书也可以作为好书推荐的书目。

好书推荐作为读写区里重要的内容，它能够吸引幼儿的关注，让幼儿爱上阅读，是幼儿经验拓展、课程引发的助推器。作为推荐的书，它并不是教师随随便便从书柜里抽取出来的，也不是教师之间私自商议决定的。它真真切切地来自幼儿的生活，与他们身处的环境、季节的变化、重要的节日、关注的话题等密切相关。只有真正看到幼儿的学习需要，深谙幼儿发展的阶段性，准确把握幼儿当下发展的水平与兴趣，才能真正做到支持幼儿发展的需求。

# 05 幼儿园户外写生的指导策略

**案例描述：**

下午户外活动时间，老师和七八个幼儿带着自己的绘画材料来到户外，老师对周围各种各样的大树稍作介绍后，就让幼儿选一棵喜欢的树坐下来开展写生活动。有的幼儿不知道该如何下手，东张西望，一脸的茫然；有的幼儿很快拿起笔，唰唰几下，就对老师说，他画完了；还有的幼儿则走近了去看树的样子，边看边画。由于是天气转阴，比较冷，风也有点大，画了不到二十分钟，幼儿并没有画完，老师就请他们收了工具，回教室去了。

写生是一种对描画事物的瞬间捕捉，将观察到的事物用主观处理的方式体现在画纸上，以锻炼幼儿对事物的观察、理解以及综合分析、处理的能力。户外写生，顾名思义，是将写生的地点迁移到了室外，幼儿的视野变得开阔，与大树、绿草地、繁星点点的野花有了亲近的机会，同时，也有了更大范围的选择自主权。因此，在"自由、自主、创造、愉悦"的游戏精神倡导下，幼儿户外写生的专注身影也成了幼儿园里常见的一道灵动的风景线。

但是，如何让这样具有观察、探究、创意、表征的活动能够真正促进幼儿发展，而非像上述案例中所描绘的那样草草收场、流于形式呢？我们在自己的班上开展了以下四方面的尝试。

## 一、装备齐全，有备无患

户外写生不同于室内，物品的拿取没有那么方便，所以每一次组织外出写生活动，要考虑细节方面的周全、细致。

1. 天公作美。户外写生除非是刻意去画雨中、雪中的场景，否则一般要选择一个天气、温度、风力都适宜的时间段，因为写生是一个静态的工作，过热、过冷、大风等因素都会影响幼儿的专注力。冬日里最好是在上午十点钟之后，下午三点半之前，有暖暖的阳光照在幼儿身上，给周边的景色都镀上了一层淡淡的金黄，让人有在画中的感觉。而夏天则可以选择早上在树荫下面或有遮阳的地方,烈日暴晒的下午不适合开展户外写生的活动。

2. 材料齐全。每次户外写生要根据形式来考虑让幼儿使用什么材料,例如,统一使用碳笔、勾线笔、油画棒、水粉,还是允许他们自主选择工具?如果是线描画,除了携带作画的工具外,还要带着画板和白纸;如果是用水粉、水墨作画,还要事先准备好画架、颜料、调色盘、水粉纸、宣纸等,另外还要有小水桶,方便幼儿打水、调色、洗笔等。所以,不同的作画形式需要准备不同的材料包。为了后续观察的方便,还可以在材料包里放上一两个放大镜,以帮助幼儿对景物中细节的关注。

3. 生活物品。除了绘画的基本工具和材料之外,还要考虑到户外写生的特定因素。由于写生不是一时半会就能完成的,所以需要考虑幼儿的饮水问题,最好能让幼儿带一个水壶,装满温水,有长长的带子,能斜挎在身上,携带时比较方便,活动时则可以拿下来放在一边。另外,每个幼儿还可以戴一顶帽子,以防阳光刺眼,影响他们的观察,尤其是夏天阳光强烈的时候。

## 二、独具匠心,精挑细选

当计划好今天有户外写生的活动环节时,教师心中是有目标的,不是漫无目的地让幼儿随意乱跑。其实从幼儿携带的材料开始,教师的教育目标已经隐含在这些材料中了。那么,在此基础上,教师还要做哪些选择呢?

1. 区域范围的选择。今天的写生会放在哪个区域,教师要事先踩好点,尤其是当户外写生的地点不在幼儿园内部,而在某个公园或者社区里,教师更要事先做好安全防护的准备,确保幼儿的安全。虽然不要求幼儿一定要聚焦在某个地方,但是一定要在老师一抬眼就能看到的区域,老师一说话就能听到的范围。

2. 主题内容的选择。户外写生,首先一定是在室内无法满足幼儿的需要,才选择了在户外开展。所以,写生的内容一定是户外所独有的,如自然的风光、自然的动植物等。其次,在内容选择上,要允许幼儿选择同一或不同类型的对象。例如,今天的户外写生,主题是"树",那么幼儿就可以在"树"的范围里进行选择,可以是这棵树,也可以是那棵树,可以是品种不同的树,也可以是形态不一的树,甚至也可以是同一棵树,但是角度、方位不同。再例如,"种植园地"的写生,幼儿可以选择金黄的油菜花,也可以选择红彤彤的草莓,也可以选择爬上架的丝瓜藤。

3. 写生位置的选择。写生是一个有一定时间的活动,那么写生时幼儿怎么坐得舒服,也是老师要事先考虑的。如果写生区域的附近是一片草地,可以选择让幼儿席地而坐;如果有大大的鹅卵石、高高低低的木桩、矮矮的围栏或台阶,都可以用来当板凳坐;如果附近什么都没有,则可以带报纸、带垫子,或者带简易的板凳。

### 三、察言观色,体验探究

开始写生时,教师一定要引导幼儿调动全身的感官,去看、去摸、去闻,体验这棵树、这朵花、这棵草带来的与众不同的感受。这是幼儿通过直接感知、实际操作、亲身体验的方式与大自然发生联结,感受生命的美好、自然的美丽。

以"树"为例,让幼儿交流讨论,你喜欢哪一棵树?为什么喜欢它?它有什么特别的地方?让幼儿用小眼睛看一看:这棵树是什么样的?观察它的外形,是高的还是矮的,是树叶茂盛的还是枝叶稀疏的?树干很粗还是很细?直直的还是弯弯的?用小手去摸一摸,触摸树叶的脉络走向,感受树干的纹理、粗糙与质感、绿叶的柔嫩与光滑。还可以用鼻子去闻一闻,感受叶子独有的清香气息。闭上眼睛用耳朵去听一听风吹过树梢叶子沙沙作响的欢歌。

必要时,还可以使用材料包里的放大镜,对花蕊、叶柄等一些细节部位进行仔细的观察,探寻微观的世界。这些都是一种欣赏与感受的过程,同时也要鼓励幼儿通过语言把这种感受表达出来。

儿童有一百种语言。虽然是一次户外写生的活动,但不仅仅指向于美术领域,其实更像是一次项目探究活动,只不过是将探究、体验、感知的结果借助笔在画纸上把自己的理解用自己独有的方式表达出来而已。

### 四、师者入画,身先垂范

当幼儿开始沉浸在写生中时,教师就要学会闭上嘴巴,管住自己的手和脚,不需要再去幼儿面前指指点点地说教了,而是应该坐在离幼儿不远的地方,拿出材料,和幼儿一起开展写生活动。

教师坐在幼儿中间安静地观察、绘画,她仿佛在向幼儿宣布:户外写生是一件需要安静的事,是一件需要专注的事,要尝试学会努力地、专注地去完成自己的事。教师用自己的行为去引领着幼儿的模仿学习,其实就是一种示范,一种高级榜样的作用。这种示范比任何一张范画要有效。

有些老师担心自己画得不好,其实,幼儿根本不会关注老师画画的技能、技巧,他们更关心的是:老师和我在一起做同样的事情,说明这件事很重要。"我们在一起",这本身就是一件非常美好而值得期待的事情。

**五、畅言心声，记录"童"话**

当幼儿写生完成后，他们会把画举到老师的面前，向老师展示自己的绘画成果。这个时候，老师不妨放下自己的画笔，让幼儿围坐在身边，去听一听幼儿的所思、所想、所感，听一听他们在处理这幅画时的理解，听一听画面背后的故事。

老师可以用笔把这些动听的小故事记录在画纸的角落里，并能够读给幼儿听。首先让幼儿知道，自己的话语可以被文字记录下来；其次，幼儿能够感受到，他们正在被成人尊重，这种感受会给幼儿带来无比的愉悦和鼓舞，从而树立自信心。

户外写生是一件非常有趣、快乐的事情，所以幼教工作者们切不可单纯地将户外写生视为只是将绘画活动从室内搬到室外，却依然没有能够摆脱"课"的概念。只有当教师真正站在儿童本位的角度去真正关注幼儿的学习方式，认可和尊重幼儿的学习能力，并将自由感受、欣赏、自主表现与创造的机会交给幼儿，幼儿才会完完全全地展现出一个灵动自在、个性独特、充满生命力量的个体。

**反思：**

这篇文稿写于三年前，源于一次户外写生的教研指导。给教师一些方法，给教师一根"拐杖"。现在看来，还有一些不足之处，需要补充说明，以免歪曲理念，让教师误解。

户外写生只是众多户外活动的一个内容，作为幼儿园一日活动的组成部分之一，在户外材料的提供中，应该有方便幼儿随手可取放的绘画材料和工具。这是幼儿个性化的需求，而不是统一的、固定的活动。至于幼儿画了什么，画得如何，更无须纠结。我们应该给予幼儿更多地体验、感受和表现的机会，而非关注一种结果；我们应该更多地去聆听、去发现幼儿的内心情绪与思考、认知，而非关注于自己目标的达成度。

## 06 以美术区游戏为例,谈师幼互动的三式"留白"

师幼互动是一种特殊的人际互动,是指"发生在幼儿园内部的、贯穿于幼儿一日生活中的幼儿园教师与幼儿之间的相互影响、相互作用的行为和过程"[④]。而"留白"始自中国书法与绘画中的布局艺术,讲究在画面上适当留下空白,以便观赏的人发挥想象,品味无穷的乐趣。区域游戏师幼互动中的"留白"是指教师在游戏指导中要退后,"睁大眼睛、闭上嘴巴",做一个安静、专注的观察者,把独立思考的权利、自主探究的机会给幼儿,让幼儿真正成为游戏的主人,成为积极主动的学习者。

近日,我们在中班进行半日活动调研时,记录下室内美术区游戏某时段发生的师幼互动行为(见表5)。

表5　美术区游戏某时段发生的师幼互动行为

| 发起者 | 师幼互动过程 |
| --- | --- |
| 幼儿 | 幼儿A:老师,我想要一支蓝色的笔。<br>教师:好的(边说边走到美术区的柜子边,弯腰拿出一支蓝色的笔给幼儿) |
| 教师 | 指导幼儿B进行小鸭的泥塑活动:"小鸭子可以戴一顶什么样的帽子呢?你想用什么颜色?"……"嗯,很漂亮!能不能稍微歪一点?"……"是不是更可爱了?"幼儿在老师一点一点地指导下,给小鸭子添上一顶红色的帽子,并按照老师的引导斜斜地戴上去 |
| 幼儿 | "老师,我画好了!"幼儿C把自己画好的一幅作品递给老师看。"嗯,不错!去把它挂起来吧!"幼儿在美术区找了一圈,"老师,放在哪里呀?"老师伸手接了过来,看了一眼作品展示区,没有地方展示,就顺手放到了作品晾晒架上 |

在我观察的短短十几分钟时间里,教师没有片刻停歇,一直在区域里忙碌着,有时在指导幼儿完成作品,有时在不断回应着幼儿的求助。而幼儿则被动地接受教师的指导,离开教师的协助,幼儿则显得无所适从。

这样的互动有必要吗?如何在区域游戏的指导中,让师幼互动"留白",

---

[④] 刘晶波.社会学视野下的师幼互动行为研究——我在幼儿园里看到了什么[M].南京:南京师范大学出版社,2006:213.

把教师从任务性的无效指导中解脱出来,做一个真正的观察者、陪伴者,同时也给予幼儿更多积极、能动、自主的权利呢?

我们以美术区游戏为例,在实践研究中,梳理、总结了以下师幼互动的"留白"方法。

**一、游戏约定:借助规则式"留白"**

在游戏开展之前,教师要帮助幼儿了解区域的基本架构,和幼儿一起制定相关的区域规则和要求。班级里的每一个幼儿都必须要知道,美术区是由哪些部分组成的,进入美术区以后,需要遵守哪些游戏的规则。游戏规则能够帮助幼儿在区域中建立一种秩序感,当幼儿形成习惯后,就能省去教师在游戏过程中絮絮叨叨的语言指导。

1. 熟悉区域

在一个美术区域里,幼儿必须要清楚地知道,材料区、工具区、作品展示区、未完成区分别在哪里,这些区域各自的作用是什么?当他们在游戏中可以根据自己的需要,就能完全主动安排自己的活动,而不是等待或求助于教师去帮助他们解决这些小事情。上述案例中,幼儿C就是因为不知道该如何处理自己的作品而反复地向老师求助。

2. 提供工具

在美术区里,一些必要的工具是要事先提供给幼儿的。例如,绘画时穿在外面的工作服,以及小桶、纸篓、抹布等。这些工具对幼儿顺利开展游戏活动有非常好的促进作用。例如,在剪纸活动中,幼儿知道要把剪下来的碎纸扔进纸篓里,而不是堆放在桌面上,同时,他们也能很快找到纸篓的位置。当这样的卫生习惯养成后,教师就不需要反复提醒幼儿要注意卫生了。

3. 形成常规

有些常规是需要教师在游戏前就和幼儿约定好的。例如,用完的工具和材料要归还到相应的柜子里,以便其他幼儿需要时使用。离开美术区时,需要把小椅子顺手推入桌子下方,以保持区域的整洁有序。

**二、目标隐含:环境对话式"留白"**

环境是第三个教师,对幼儿游戏活动的开展起着潜移默化的暗示作用。教师的指导有时可以隐藏在环境的创设之中,而不需要刻意用语言告知幼儿今天要开展什么活动。

1. 主题隐含在环境中

美术区的桌面上,一年四季可以根据主题布置环境。例如,春天到来时,可以有一束灿烂的迎春花,幼儿可以根据兴趣围绕迎春花进行手工、绘画、装饰等活动。新年来到时,可以把窗花、福字、对联、年画等布置在环境里,幼儿可以尝试写一写福字、剪一剪窗花、做一做鞭炮等。

2. 内容隐含在环境中

教育内容并不一定需要教师事先的告知,而是将其巧妙地隐含在环境之中。例如,一本有趣的图画书,刚好打开到那一页,旁边有画架,有与之相关的笔、颜料和摊开的纸张。这样的一幕,好像在对幼儿说:"你愿意来试一试吗?"不仅这样的画面能提起幼儿的兴趣,这样的摆放方式也能激发幼儿创作的欲望,促使幼儿带着欣喜去试一试、画一画。

3. 方法隐含在环境中

教师可以根据教育目标或幼儿最近的兴趣,在美术区里投放相关的图书或者是手工、绘画的制作步骤图,让幼儿可以自己仔细翻阅,看懂步骤图或示意图,并根据图示一步一步进行尝试。这样的学习方式,是摆脱教师高控式的"教",从而给幼儿提供自我探索的机会,是幼儿自主学习的开始。

例如,纸工《向日葵》,教师可以投放折向日葵的示意图和一朵已经折好的百合花。示意图上有各种图示和符号,展示了清晰的折纸过程。折好的范例也允许幼儿拆开来研究。幼儿来到美术区后,就可以对照示意图进行折纸的尝试。"自然材料拼贴"也是准备好适宜的材料和拼好的范例,让幼儿在模仿学习中进行自我创作。

**三、巧妙应答:问题启发式"留白"**

在游戏活动中,除非是幼儿有了争斗的危险行为,教师一般不需要主动介入幼儿的游戏。当然,还有一种情况,就是当幼儿遇到问题向你求助时,教师需要应对幼儿。但如何应对,也是考量教师的教育智慧的。一般情况下,建议教师可以这样做。

1. 关注个体,聆听问题

首先要让幼儿有心理的安全感,告诉幼儿,老师就在不远的地方关注着你,所以,无论遇到任何问题都不用担心。

当幼儿在游戏过程中产生了问题,教师都要弯下腰来或坐下来、蹲下来,耐心细致地倾听幼儿讲述他的想法与思考。无论事件大小,都要有时间、有机会让幼儿完整阐述。

2. 引发思考,抛还问题

听完幼儿的问题,教师不要急着给予答案,而是要学会巧妙地接过幼儿抛过来的球,再巧妙地抛还给幼儿:"这个问题,我也不太清楚,你想想看,可以怎么办呢?"引导幼儿去思考解决问题的办法。

例如,幼儿常常会问教师:"老师,你看,这是我画的!"这时,教师也不能以简单的赞扬或指点的方式去简单评价,而是以欣赏、探究的口吻说:"嗯,你画的是什么呢? 让我来猜一猜! ……那你来说一说,是不是我猜想的这样呢?"用引导的口吻鼓励幼儿说一说他绘画时的心情、故事,他是怎么想的。同时,教师可以帮幼儿把这些话语记录下来,用小便签张贴在这幅作品旁边,形成这个幼儿独特的内心独白,以便于教师对这名幼儿后续的分析与支持。另外,教师也可以把记录的文字读给孩子听一听,以此表示成人对其作品的关注与重视。

3. 游戏反馈,追寻问题

把问题重新抛还给幼儿,并不是教师就真的撒手不管了,而是要持续关注幼儿,在游戏结束后或者问题解决时,追问幼儿:"刚才的问题,你们是怎么解决的? 想到了什么好办法?"听一听幼儿解决问题的过程,如果确实还没有解决好问题,再引导全班的幼儿一起来帮忙出主意,千万不要把所有问题都揽在自己的身上,直接把方法告诉幼儿。要相信幼儿,他们能用自己的方法解决好自己的问题。

问题启发式"留白"的闭环模型如图 2 所示。

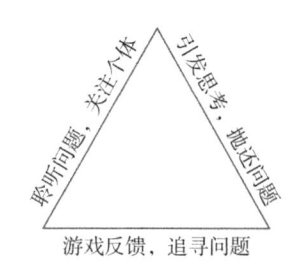

**图 2 师幼互动中问题启发式"留白"的闭环模型**

总之,美术区师幼互动的"留白",是建立在教师对本班幼儿观察、了解的基础之上,是建立在一种温馨、愉悦、舒适的师幼关系之上,是建立在对幼儿的尊重、信任、欣赏的儿童观之上。只有教师退后,为幼儿"留白",把选择、使用的机会交给幼儿,把自由、自主、创造的权利赋予幼儿,幼儿才能在游戏中有自我认同感、自我效能感,才能建立信心,发挥积极性、主动性。在自由型探究的过程中逐渐成为自主学习者和终身学习者。

# 07 小小"园历"中的精彩学习

为了更好地开展幼小衔接,让幼儿了解日期、星期,养成做事有规划、坚持不懈等品质。新学期开始,我们大班在班级墙面上开辟了一块地方做成了园历。

刚开始的园历只是一个简单的表格,只有相应的日期和星期,孩子们有时走过来也只是说一说上面的日期,以便于小值日生记录下今天的天气。而当有一天,我在晨谈时跟孩子们说到今天是几月几号、星期几时,多多站起来告诉我,今天是他的生日。多多的话引起了孩子们的关注,马上就有几个小朋友也开始讨论,即将到来的几月几号也是他们的生日,并要求我在园历上进行标注。

孩子们的要求让我反思,这张园历的作用是什么?难道仅仅是让幼儿知道日期和星期吗?这一个月中,有哪些重要的节日、有哪些孩子的生日、有哪些重大的活动?每一天的天气如何?这些是不是都可以让幼儿事先预知,从而更好地规划自己在园的活动呢?

于是,一次关于园历的谈话开始了!有的孩子说,值日生每天要记录天气,应该就记在这一天的园历中;有的孩子说,一个月有许多的节日,我们可以预先知道、及早准备;有的孩子说,我们已经大班了,班上应该有温度计,除了记录天气以外,我们还可以每天记录气温;有的孩子说,园历旁边可以挂一个时钟,这样我们每天入园签到时也可以知道自己是几点到幼儿园的……在孩子们的讨论中,我们将园历进行了调整,并从园历中生发出了许多有趣的学习。

**学习之一——我的节日我做主**

在前一个月快要结束时,我们就带领孩子了解本月一共有多少天,把每一天的日期呈现出来,让孩子们回去调查这个月中有哪些重大的节日、重要的节气。例如十月份,孩子们不仅调查到了"十一"国庆节、中秋节、重阳节、某某小朋友的生日。他们在便签上用各自的符号、标志给相应的日期做标注。例如国庆节,孩子们画了国旗,并把休息的八天全部插上国旗,其中有一天还有月亮和月饼的标志,表示那一天是中秋节,小朋友们在生日的日期上贴上生日蛋糕的图片。

当预知了这些重要的日子以后,孩子们的区域活动内容就开始丰富起来了。他们会为自己的好朋友在艺术区做一些小手工当礼物,会提前告诉爸爸妈妈他的假日打算,也会到阅读区寻找一些相关的绘本故事。例如,三月份的植树节期间,安安小朋友就开始读《花婆婆》的故事,并让妈妈带她去超市购买花种子,种植在自然角里。

园历提升了孩子们的自我规划能力,提升了孩子们的积极性,真正做到主动学习。当然,老师也没有懈怠,而是不断根据孩子的经验、兴趣,调整区域的材料和环境,促进他们更好地、自主地探索和学习。

**学习之二——我是小小统计员**

以往在学习统计时,教师要花费多个集体活动的时间开展教学,而现在,我们在日常的活动中,带领幼儿利用园历,轻轻松松就完成了统计的学习。

例如,天气的统计,由于每天都有值日生把天气情况张贴在相应的日期栏里,一个月结束后,我们就带着孩子们一起来统计,这个月里晴天有几天?阴天有几天?下雨有几天?请小朋友分组来统计,并让他们用自己的方式来记录。孩子们自主地分组,有的四五人,有的二三人,他们还各自推选出了本组的记录员、数数员,用自己的方式统计天气情况。

这样来源于生活的统计还包括温度的统计、幼儿来园人数的统计等等。一次一次统计经验的叠加,孩子们一次比一次有进步,得出的统计方法一次比一次多,统计的图表也越来越丰富,数数型、柱状型、曲线型。孩子们在发现问题、解决问题的过程中学会合作、学会讨论、学会学习。

**学习之三——我健康我快乐**

每天看温度决定自己的穿衣指数也是我们的园历调整之后孩子们比较关注的一件事。自从园历旁增加了温度计,孩子们的每天记录除了天气情况又多了两项内容,一是温度记录,二是穿衣指数的提醒。孩子们慢慢发现,随着温度的升高和降低,我们的穿着也在慢慢地随之发生变化。

例如,十月份寒露过后,就接连下了几场雨,温度一下子从25℃降到了18℃,孩子们的衣服就从衬衣、T恤换成了薄薄的毛衣、厚的外套。而一月份大寒节气过后,就真正进入了江南的数九天气,孩子们每天记录的衣着不是棉袄就是羽绒服。而到了第二学期,清明节过后,温度又逐渐稳定下来,维持在25℃上下,孩子们的服装又回到了简单的春装。

孩子们的讨论话题从温度的变化转向衣着，再从衣着自然而然地关注到个人的健康。有的孩子说，早上的气温有点低，中午就升高了，所以早上入园时还是要穿一件外套，户外活动热的时候再脱掉；有的孩子说，气温降低，就要马上多穿点衣服，否则就会冻感冒。

孩子在家里也开始主动关注天气预报，并自觉地提出要根据天气增减衣服，再也没有家长来反映很冷的天气孩子吵着要穿裙子的现象了。

**学习之四——遵守时间不迟到**

学习时钟，认识整点和半点，也是大班幼儿要学习的重要内容之一。自从园历旁挂上了时钟，这个原本的难点问题就在每一天的生活记录中迎刃而解了。

我们为孩子们提供了来园签到表。大班上学期只需要签自己的名字，而到了下学期，则需要在名字旁边注明到园的时间。刚开始，为了帮助幼儿认识时钟，我们在时钟上做了标注，便于幼儿很快地识别时间。

幼儿每天到园第一件事情就是签到，看时间进行记录，一个星期后，每一个孩子都能准确地记录下自己到园的时间，换言之，每个孩子都已经认识了时钟并学会正确记录。

开始记录时间后，孩子们还进行讨论，从家里出发是几点钟，到幼儿园是几点钟，路途上花费了多长时间，怎样让自己上学不迟到，以便更好地适应小学的生活，等等。这些话题的讨论，继续丰富着孩子们关于时间的概念，把时间有效地运用在孩子们的一日生活中，真正让幼儿养成遵守时间、规划时间的优良品质。

**反思：**

陶行知先生说："生活即教育。"对孩子来说，生活既是学习的内容，也是学习的方式，既是他们当下的存在，也是构建学习能力的基本要素。在孩子眼中，生活有着无穷无尽的变化和乐趣，激发着他们探索的欲望，他们会主动运用感官，在思维层面进行判断、推理、整合与加工。一张园历，其实就是一系列的课程，它以儿童发展为核心，通过还原儿童生活，帮助他们从不同层面完成学习。教师和孩子一起感受生活，用孩子的方式学习与探索，帮助他们将零散的知识经验结构化，进一步内化为知识与觉知。

一张小小的园历，隐含着丰富的学习契机。其实，在孩子们的一日生活中，这样的学习契机处处可见，需要教师以专业的理念去审视环境、材料，并不断调整、优化，关注幼儿经验，促进幼儿适宜地发展。

# 08 以游戏分享为契机,助推幼儿语言发展

语言是用来在生活中交流和思维的工具,是在不断运用中发展起来的。作为幼儿教师,应当为幼儿创设一种自由、宽松的语言交流环境,鼓励和支持幼儿与成人、同伴交流,让幼儿想说、敢说、喜欢说,并使他们能得到积极回应。因而,建议幼儿教师"每天有足够的时间与幼儿交谈。如谈论他感兴趣的话题,询问和听取他对自己事情的意见等"。

游戏分享是幼儿园每天都会组织的一个环节,在这个环节中,幼儿自主地运用自己的语言梳理、讲述游戏活动,交流自己在游戏中发现的问题以及解决的过程,评价自己的游戏行为。游戏是自由自主的,游戏分享的内容与过程也是自由宽松的。教师只需在幼儿讲述中适时地引导,就能有效地提升幼儿语言表达能力。在教育实践中,笔者所在的幼儿园以游戏分享为契机,有效助推幼儿的语言发展,并进行了一系列的尝试。

**一、童谣为信,让分享环节更具仪式感**

游戏分享时间固定在游戏结束之后,教师以播放童谣的方式为信号,提醒幼儿:游戏分享马上开始了。幼儿听到熟悉的童谣,自然而然地开始收拾整理手头的材料。先整理完的幼儿先拿垫子,坐到活动室的中间空地上,一边跟着念歌谣一边等待其他幼儿。等所有幼儿都到齐了,大家围着圈坐在老师的身边,一起跟着老师念歌谣。

这是一个具有仪式感的游戏分享导入环节,不需要铃鼓,不需要老师出声,只是播放一首简单、节奏明快的童谣作为提示信号,意味着区域游戏的结束和分享环节的开始。而教师和幼儿共同念响童谣,仿佛在召唤着他们:"小伙伴,快过来,我们一起来分享快乐的游戏时光吧!"让幼儿体会到愉悦、活泼、轻松的氛围,并进入宽松、自由的交流分享中去。

除童谣外,还可以是儿歌、古诗、绕口令等方式(见表6)。可以根据季节、节日、节气、主题等更换内容,每一个内容至少坚持一个星期的时间。一般可以是1~2个星期,以全班幼儿都能熟练掌握为准,即可更换下一个内容。否

则,过于频繁地更换内容,幼儿不易掌握。

表6 小中大班幼儿游戏分享导入(语言类内容)

| 年龄段 | 童谣(手指谣、儿歌) | 古诗 | 绕口令 |
|---|---|---|---|
| 小班 | 《虫虫飞》《做沙拉》《我上幼儿园》《小老鼠上灯台》《分果果》等 | 《咏鹅》《一去二三里》 | 《上山打老虎》 |
| 中班 | 《石头剪刀布》《顶锅盖》《敲小鼓》《高高山上一条藤》《数数》等 | 《草》《春晓》《登鹳雀楼》 | 《四和十》《李小牛》《小花鼓》 |
| 大班 | 《猴子和鳄鱼》《大门大门几丈高》《颠倒歌》《牛牛和妞妞》《数鸭子》《丢手绢》等 | 《锄禾》《静夜思》《清明》 | 《扁担与板凳》《打醋买布》《天上星》《盆和瓶》 |

**二、语言游戏,让轮流方式更具趣味性**

游戏分享不是游戏评价,不应是教师高控的行为,而应该是每一名幼儿都有均等的机会在集体面前讲述自己的游戏体验和感受。而这种机会不是教师生硬指派的,而是随机式轮流的。在实践中,笔者将儿歌等语言内容巧妙地化作游戏分享的轮流方式,使轮流方式变得有趣,更吸引每一个幼儿积极主动地参与分享。

例如,《点兵点将》的儿歌,歌词如下:点兵点将、骑马打仗,点到谁就是谁!由老师或请一名幼儿站在围坐的圈子里,伸出手点每个幼儿,儿歌最后一个字落到哪个幼儿那里,就由那名幼儿开始分享游戏。等这名幼儿分享结束,再由他站到中间"点兵点将",将分享轮流下去。

再例如,"抽名牌"的游戏,将所有幼儿的名字用规范的文字打印塑封好装进小桶里,由老师或一名幼儿随机抽取,并大声地念出这名幼儿的名字,请这名幼儿来分享游戏。由于大班幼儿对文字特别感兴趣,因此这种语言文字类游戏比较适合大班年龄段。

参与游戏,不再依赖于教师的指派和安排,也不再是一个接着一个枯燥乏味地讲述,而是让游戏分享的轮流方式变得灵活而生动。每个幼儿既是游戏的分享者,也是这个集体中游戏分享的掌控者,让他们觉得自己是集体中非常重要的一分子,从而不仅增强了游戏分享参与的积极性,同时也增加了集体荣誉感。

**三、分层指引,让语言表达更具层次化**

如果说游戏分享的导入只是餐前甜点,那么真正游戏分享中的讲述就是正餐。幼儿需要用自己语言有条理地讲述自己的游戏过程,教师需要认真、专注地聆听,捕捉幼儿讲述中的关键信息,帮助幼儿梳理、提炼、调整、优化,形成规范、完整、连贯的语言样态,因此,这一环节是教师要重点关注、支持的内容。同时,不同年龄层次的幼儿有不同的目标和要求,教师关注和指导的策略也不相同。

(一)小班幼儿要敢说:愿意表达,讲述规范

对小班幼儿来说,现阶段的目标是愿意在集体面前勇敢表达出自己的游戏体验,能够把一句话完整规范地表达清楚。因此,教师要有耐心,邀请幼儿站到中间来,蹲下身来半抱着幼儿,给幼儿以安全感,提醒幼儿不要着急,慢慢讲,教师要耐心倾听。幼儿一句断断续续的话,教师要帮助幼儿进行提炼,用完整规范的话语给幼儿作示范。

为帮助幼儿讲得更有条理,可以提供一些固定的开场白,例如,"大家好!我是×××!我今天在××玩,和××一起玩,玩了××!……我玩得很开心!"等这样的句式。同时,当每一名幼儿讲完后,教师都要报以欣赏和鼓励的态度,带领所有幼儿为分享的幼儿鼓掌,以激发幼儿下次再分享的愿望。

(二)中班幼儿要会说:清晰表达,讲述完整

对中班幼儿在讲述上的要求开始有所提升,要能够做到口语清晰、有条不紊、完整表达。中班年龄段,除了个别幼儿还需要特别鼓励外,大部分幼儿都能在集体面前大方地讲述游戏过程。教师指导的重点应转移到幼儿是否能够完整、连贯地把一件事讲述清楚。

例如,《小草房子》的游戏分享指导。

**案例描述:**

一名幼儿在美术区用自然材料进行了拼贴画。幼儿讲述:"我今天在美术区里用叶子和树枝,还有沙子拼了一幅画!"教师请他把画作拿上来给大家展示,并引导:"你用叶子和树枝拼了什么?"幼儿依据教师提供的思路讲述:"我用叶子和树枝拼了一座房子,本来想拼两座房子的,可是那种心形的叶子不够了,就只拼了一座。"教师又问:"那你用沙子做了什么呢?"幼儿说:"我用胶水粘贴了沙子在房子周围,变成了一条小路。"教师继续追问:"那你的这幅作品叫什么名字呢?"幼儿想了想:"就叫小草房子。"这时,老师拿着这幅画,对所有的幼儿说:"××小朋友在美术区拼了一幅小草房子,他用叶子和树枝拼了一座房子,用沙子在房子周围铺成一条小路。绿绿的小草房子,弯弯的小路,这幅画可真漂亮!"

首先,在幼儿的分享中教师要做的依然是认真地聆听,不轻易打断幼儿的讲述,哪怕讲得絮絮叨叨、磕磕巴巴、乱七八糟,教师都要耐心地听完。其次,当

幼儿讲述完了之后,教师要适时地追问"你是怎么解决的?""后来变成了什么样?"对中班幼儿来说,他们暂时还是平铺直叙地讲述,需要教师提供一些思路,帮助幼儿延续讲述的内容,并给予必要的补充。最后,教师要用清楚、简洁的话语,把幼儿的思路清晰完整地讲述出来,给幼儿做高级榜样的示范。

### (三)大班幼儿要说好:运用技巧,讲述重点

大班幼儿要学会使用一些生动的语言表达技巧,例如,形容词、同义词、因果联系词等,并且以聚焦问题的解决为主,有序、连贯、清楚地讲述,必要时,可以同组幼儿共同讲述、相互补充。这是有别于小中班的更高要求。

以建构区"桥梁"为例。

**案例描述:**

幼儿乐乐讲述:"今天我和铭铭、笑笑在建构区搭了一座桥,我们设计了桥墩,想搭一个圆圆的桥墩,笑笑去找了圆球,没有找到。我用了曲形的积木放上去,不好看。地毯翘起来了,把桥弄翻了!后来我们又重新搭了桥。"老师追问:"那后来,你们搭了什么样的桥墩呢?"乐乐讲述:"我们还是想搭圆形的桥墩,还是没有找到圆球。"老师追问:"那怎么办的呢?"乐乐摇头。老师追问:"谁跟他一起玩的?愿意来补充一下吗?最后这个问题你们解决了吗?是怎么解决的?"铭铭补充讲述:"我们没有找到圆球,但是我在艺术区里找到了圆形的松果,我把松果放在桥的柱子上,就是圆圆的桥墩了。"老师总结:"乐乐和铭铭、笑笑在建构区搭了一座桥,他们先设计了桥墩,想搭一个圆圆的桥墩,于是大家就分头去找了圆球,没有找到,这时,因为地毯翘了起来,所以搭建好的桥倒塌了。可是他们没有气馁、坚持不懈,不仅又把桥搭建了起来,而且用松果替代了圆球,在他们的共同努力之下,终于建成了圆圆的桥墩。我们为他们的努力而鼓掌!"

从以上案例可以看出,大班幼儿基本已经拥有把一个事件完整讲述的能力,同组的幼儿也能够认真倾听,及时补充关键信息。作为教师,在引导、提炼幼儿的内容时,更聚焦于问题的解决过程,突出重点,并在示范讲述时更多地运用了关联词、成语等,丰富语言的内容,帮助幼儿提升和优化自己的语言表达。

幼儿的语言能力是日积月累、慢慢提升和积淀的。游戏分享既有游戏经验的交流,也为幼儿创造了一个自然、适宜的表达和讲述的机会,教师从鼓励幼儿勇敢地说,到连续、连贯地说,再到聚焦重点、丰富词汇并掌握一定的技能、技巧。围绕指南目标,层层递进,不断帮助幼儿发展正确、规范、完整、生动的讲述能力,体验语言表达的乐趣。

# 日记摘录篇

很久以前我就有写日记的习惯,以前是在网易博客上写日记,后来在 QQ 上写日记,再后来,就开通了自己的公众号。写得不是太勤快,有时候每天都写,有时候忙碌时就会停下来,断断续续,但从来没有停下过思考、实践与记录的脚步。

写的内容大都以随笔的形式,记录下在工作中的所思、所感和所行。有时是和老师们的交流,有时是自己巡班过程中的思考,有时是观察到的游戏现场。但是无论何种内容,都是在反思自己的同时引领教师的理念转变和专业提升。

教师的专业提升是一件长期的事,作为一名园长,在日记中点点滴滴呈现出来的具体的、琐碎的事例,都是在鼓励着教师:你可以这样做,你不妨去试一试。

"桃花流水,不出人间;云影苔痕,自成岁月",一个园长内心充盈方能给教师带来自主、自在的体验,从而焕发园所的勃勃生机。

# 01　陪伴童心

清晨游戏时间,我带着观察记录本和手机走进班级,坐在阅读区的一个小角落里,去完成我的视导任务。阅读区里有两个小女孩正在沙发上低头翻看一本绘本,我关注着她们的表情、动作、语言,时而举着手机拍摄着,时而用笔在本子上记录着,因为视线缘故,我有时还会靠近了去看她们读的是哪一本绘本,但又怕干扰了她们,走近看一眼,又马上退回来。

尽管我没有说一句话,动作幅度也不大,可是我的存在依然吸引了两个孩子的注意。她们放下绘本,好奇地看着我,我隐隐听到她们在说:"她是谁?她在看我们吗?"她们小声地讨论着。

我放下手机,朝她们笑了笑。其中一个女孩走过来,细声细气地问我:"你是在拍我们吗?你在写什么?"

我把手上的记录本扬了扬,说:"我在记下你们刚才发生的有趣的事!"

"那你记完了吗?"小女孩又问。

"还差一点点!"我说。

"你能过一会儿再记吗?我们想听你读一个故事!"女孩说,这时,我才发现她手上正拿着一本绘本。

她亮闪闪的眼睛满怀期待地看着我。那一刻的对视,我忽然觉得似曾相识,那是很多年前我做班主任时曾经发生的一幕。

那时,为了看护孩子,防止安全事故,在孩子们玩滑梯的时候,我总习惯于站在滑梯旁边,像个伫立的雕像似的,看着孩子们在我身边爬上爬下,笑语喧哗。而这一切是与我无关的,我的眼睛只盯着那些顽皮的孩子,看他们是否打架啦、是否推人啦、是否倒着爬滑梯啦,似乎这才是我的职责所在。

而那一天,我又像往常一样,站在滑梯旁边,密切地关注着他们的行动,像个黑猫警长。

忽然,一只软软的小手挽住了我,耳畔传来快乐的声音:"老师,你能钻过去吗?"只见孙怡指着架上一只红色塑料滚筒,旁边的小朋友也在说:"老师,你试试看嘛!"

　　我有些胆怯,不是因为我钻不过去,而是因为我那天穿了条短裙,滑梯旁边的大道上有工人在铺塑胶跑道。我很犹豫,而孩子们却不放过我:"钻嘛,老师!""钻不过去我们也不会怪你!""老师,加油!"还有孩子安慰我:"别怕,只有很短的路!"

　　盛情难却,在孩子们的鼓励中,我故意昂昂头说:"我才不怕呢!看我的!"我蹲下身子,猫着腰,手脚并用,从滚筒的这一头爬到了滚筒的那一头。"耶!"孩子们欢呼起来,有的拍起手,有的朝我竖起了大拇指,妍妍和佳虹还给了我一个大大的拥抱,没人在意我的气喘吁吁,也没人在意我差点被裙子绊倒时脚下的狼狈相,有的只是掌声与鼓励。

　　那时的我,才恍然明白:原来孩子们要的不是一个有距离感的老师,不是警惕巡逻的老师,不是防备固守的老师,他们不需要我扮演守护神的角色,在他们的内心深处,渴望的是老师的同参与、共欢笑,是和老师共同享受游戏带来的欢乐。

　　而今天发生的这一幕,又是何等的熟悉。当我来到孩子们游戏的环境里,我却远离着她们,她们成了我观察、研究的对象,她们的一言一行是我作为管理者用来评价环境、评价材料、评价老师的依据,我拍她们、记录她们、观察她们、聆听她们,却不曾想过她们是否愿意这样被我拍摄、被我记录。虽然,她们一抬头能看见我微笑的模样,但那个微笑是克制的、疏离的、客气的、拒绝的,意味着,你们做你们的事,我做我的事,我们互不干涉。

　　我聆听、观察,忙得不亦乐乎,可是唯独忘记了一件事,在孩子们的视野里,我其实只有一个身份:幼儿教师。正像若干年前的那些孩子们一样,他们需要的是我的参与、我的陪伴,而不是我举着手机、忙于记录的形象。

　　感谢我的孩子们,在他们伸出手的邀请中,在他们软软的话语里,在他们满含期待的目光中,用宽容与简单的心灵唤醒了我,在我自以为正确的时候,轻轻为我打开一扇能看到美丽风景的窗。也许,这就是教学相长的真谛。

　　于是,我迎着小女孩走过去,把手机和记录本放在一旁,坐到她们的中间,拿过绘本开始了我的讲述。晨光里,我们三个靠在一起的身影,真好!

(摘自 2022.2.3 日记)

**后记：**

今天有一位参观的老师给我们反馈，在游戏观察的过程中，没有看到老师用笔记录、用手机拍摄开展观察活动。事实上，这位老师并不知道，有时候观察只是一种研究的方式，而当你用研究的目光来对待孩子时，他们有的就成为研究对象、有的成为研究工具、有的成为研究背景，类似于小白鼠的性质。但是我们倡导的是"陪伴"，陪伴的是生命，他们是活生生的人，他们有情感的需求，而不是用一支笔、一本本子、一个冷冰冰的手机把你与他们隔离。更何况，那只是一段时间的跟班，并不能代表老师从来都不观察，也许她已经完成了今天的观察任务，也许她的观察只需要在这段时间用眼睛看、用心感受。管中窥豹，不见全貌，无须轻易下结论。又翻阅到此篇随笔，更有感慨。以提醒我们的老师，当你能用眼睛看到孩子、能用耳朵听到孩子、能用心灵感受到孩子，那么就放下笔纸和手机，全身心地投入陪伴之中去。和孩子过好每一天的日子，这好日子不是借助于笔、纸和手机来实现的。

## 02 你以为

有时候，你以为你就是说了一句简单的话、做了一件随手的事，并非刻意，但是就是这样一个小小的举动，就会被别人记得。

你今天审视了班上的环境，你以为你只是在工作，事实是你在审视你自己的内心，因为没有完成，你的心过不去！

你今天表扬了班上的一个孩子，你以为你只是在工作，事实是你表扬的是你自己的内心，因为你心里认可和赞赏这种行为。

你今天蹲下身来和一个孩子说话，你以为你只是在工作，事实是你看见了自己内心的柔软和包容。

你以为你的工作只是工作，殊不知，你在做一件最伟大的善举，因为那么多柔弱的生命在受你保护，你在和一个个小小的心灵对话，你的一举一动，他们都看在眼里。

如果每天的重复、每天的单调，换来无数崇拜的目光，换来无数恣意的快乐，这种重复和单调是不是也忽然有了意义？

生活从不会亏待善良的人。所有的好运气，不过是你曾付出过的那些不为人知的善意蛰伏已久，最后变成了人生路上突然遇见的好运与惊喜。

（摘自 2022.2.13 日记）

## 03 爱

今天是一个关于"爱"的日子,而我刚好读到"教育,一切都是为了学生"。

"教学时,所想的都是如何善待学生,怎样教导才对学生最有益处。""从来不是为了让学生或自己的教学成果拿第一,没有想过要争第一或抢第一。""我们所做的一切,不过是尽己所能地去教导学生,一切为了学生,如此而已。"

这是正在读的《芬兰教育:全球第一的秘密》这本书中的内容,这本书我已经在微信读书中看过一遍,但是依然喜欢手不释卷的感觉,所以又买了纸质的书再次阅读。

动容于这样的教育理念,动容于这样的教育理念背后折射出来的"大爱"。

教育需要这样的大爱,需要这样的情怀。就如同我们当初选择来当一名幼儿教师,就是单纯的喜欢,喜欢孩子,想着怎么和他们玩,怎么引导他们,怎么和他们说话。天热了,我们会提醒他们注意喝水;天冷了,我们会拉着他们的小手开展运动;开学了,我们会及时想到要提醒他们些什么;孩子哭了,我们会去问一问究竟发生了什么……总之,就是站在孩子的角度,去思考当下他们的需要。

我从内心就不喜欢只是为了一份工作而来做教师的人。因为这样的人会很冷漠,他心里没有爱,眼里没有孩子。他做教师的这份工作只是为了看起来体面一点,有双休日、有寒暑假,哪怕工资低一些,只要舒服一点,那就将就一下吧。所以,孩子的问题、家长的问题、工作的问题,在他看来就是"麻烦"。可是这世界上能将就的人太多了,真的不需要他的"勉为其难",我希望他们不要为难自己,高抬贵手,放过自己,更放过孩子。

"当国际评比成绩出来后,芬兰一下子轰动了全世界,你们当时的想法是什么呢?"

"我们吓了一大跳!""因为,我们从来就不是为了要得第一才施行如此教育理念的。""几十年来,我们就是一直单纯地希望把事情做好!"

单纯,是一种美好,也是一种奢念。

单纯,也是教育本该有的样子。

(摘自 2022.2.14 日记)

## 04　称小猪

若干年前,我们开展所谓的园本课程时,有一个内容是"可爱的小猪",说小猪全身都是宝。在教育圈里,也有一句和小猪相关的话,叫作"你不能让一只猪去学爬树",言下之意,每个儿童有各自的优势和特点,人的发展需要扬长,而不是一味地补短。

今天又读到了一句关于小猪的寓言:总是称小猪是不能让小猪长胖的。

这句话是针对"评价"来说的,如果我们的目标是希望孩子更好地发展,那么我们需要思考的是用哪些方式方法促进幼儿的发展,例如,赋能的环境、丰富的材料、有效的师幼互动等,要去研究这些,而不是总是在评价、考察、督查。就如同你想要小猪长胖一点,你必须要研究如何让小猪长胖,从喂养的方式、从饲料的营养等方面去入手,而不是每天都称一下小猪,看看它长胖了没有。

所以,对于一个园所来说,更多的时间要花在日常的教研上,真正提升环境、材料、师幼互动、课程内容的质量,至于评价、督查、视导,只是一个了解。所以才有了"自然地伴随着整个教育过程进行评价""是教师运用专业知识审视教育实践,发现、分析、研究、解决问题的过程,也是其自我成长的重要途径"等话语和要求。

(摘自 2022.2.16 日记)

## 05 请帮助我

我们常常对孩子说：这个不能做，那个不行。但是我们往往忽略了"哪些是孩子能做的？""他怎么做才能做对？"例如幼儿园里的冲突问题。

冲突是什么？为什么会有冲突？你如何看待幼儿园里的冲突？

为争抢一个玩具而打闹，为故意推倒建构好的建筑物而推搡，不知道为什么而咬人……都是我们常见的冲突。究其原因，无非是"幼儿年龄特点导致以自我为中心""材料较少不够分配""幼儿的认知局限导致不知道如何交往"，等等。

作为教师，不要对幼儿之间发生的冲突有畏难情绪。冲突的发生，对幼儿来说是一个完美的机会，你应该庆幸，因为孩子又多了一个学习的契机。

从小到大，我们教会了孩子太多能看见的、能触摸的词语，例如"桌子、板凳、饭菜、筷子、爸爸、妈妈……"可是，我们很少教给他们形容词和动词，例如，什么是友好？什么是协调？什么是帮助？什么是耐心？什么是难过？就像我们经常跟老师们说的："你们要做专业的幼儿园教师！"那么什么是专业？

所以，我们常常需要在真实的事件中告诉孩子：这叫友好、这叫耐心、这叫难过。就像我们在真实的案例中指导老师如何正确地支持幼儿一样，结束后我都会说一句："这就是专业！"

因此，在解决问题时，首先要告诉孩子们什么是对的，然后帮助他们如何做对。

**案例描述：**

小凯在苗苗搭建好的建筑上滚一只小球，苗苗就是不让，把小球一把抓起来扔到一边，小凯随手挥了一下，打到苗苗的眼睛，苗苗"哇"的一声哭了起来。

第一，作为教师，保持冷静和中立的态度，不要给任何一个孩子贴标签，先把小球拿在手上，避免再成为孩子冲突的物品。千万不要说"小凯，怎么又是你!""你自己数数一天打了几个人了?""你一个人去旁边好好想想!"

第二,认可苗苗的情感。蹲下来,轻揽、抚摸苗苗,"我知道你现在很难过,因为他碰到了你的眼睛,对吗?"千万不要说:"我们小朋友打打闹闹没事,他也是不小心的,所以你不能再哭了!"

第三,安静地聆听两位孩子述说,询问整个事件发生的过程。这个过程是教师收集信息、形成一个基本判断的过程。

第四,重述问题。在两个孩子各自陈述完之后,教师要帮助他们梳理提炼问题的焦点所在。"那你们的问题是……"

第五,让幼儿自己提出问题解决的办法。教师千万不要做鲨鱼式的选择,强势地替代幼儿做决定,而是让幼儿自己思考,两个人都可以提出他们的解决方法,然后选择一个大家都同意的方法。如果幼儿没有解决的策略,那也可以由教师提出自己的建议,但是一定要在尊重幼儿的前提下。

第六,查看一下幼儿是否能够按照协商的方法去解决问题,做好下一步支持的准备。

若干年前,我们在家长会上讨论"打与不打"的问题,即当孩子被打了,要不要打回去。当时的我,其实并没有完全明白其中的理念,而当下,这种理念却在心头渐渐明晰起来:这样的两难选择应当交给孩子自己去判断、定夺、决策,而不是一群成人以自己的方式替代孩子做决定。而无论孩子做了何种选择,成人都要无条件地支持。

请帮助我,让我成为我自己!

(摘自 2022.2.17 日记)

## 06 读书有感

有的人善于研究制度,制度里有的,他的工作就特别积极,而制度里没有的,就躲得远远的。你说他不对,但是却抓不住他的错。所以,总有人为一己私利不惜绞尽脑汁。

我常常在想,我的幼儿园需要什么样的教师?我要把她们向着什么目标去培养?思来想去,无非是"用爱心呵护孩子,用专业支持孩子、引导家长",即"我们需要冲锋陷阵的勇士,我们也需要默默守护的战士"。这样的教师也许衣着并不华丽,但是却微笑细语,充满亲和力;这样的教师也许不会说漂亮的话语,但是却朴实、真诚,让人感到放心、舒心;这样的教师温暖大气、不卑不亢,她们的心思花在孩子身上,尤其是那些特别的孩子、特别的家长,只要她接手,班级管理总是很平稳有序。尽管她们没有那么多漂亮的成绩,但是她们就是优秀教师的楷模,就是一线幼儿园所需要的教师。所以,我就希望我们拟定的各种制度向这些教师倾斜,用一些方式去引导年轻的教师向她们看齐,以她们为榜样。只有这样,才能真正实现"以人的成长为目的"的目标。

因此,在制定制度时,要更多地考虑通过努力可以做到的条款,而不是遥不可及的条件,应该让所有人都可以"跳一跳摘到苹果"。

——今日读书有感(摘自 2022.3.2 日记)

# 07 巡班所感

我们幼儿园里有许多年轻的老师,她们对工作充满热情,也有积极的学习意向,这样的老师我也特别愿意和她们交流,每次巡班时都会和她们聊几句。

今天我就和 W 老师就光影桌前幼儿的游戏进行了一段闲聊,以下是我们闲聊的过程。

"看到了什么?""孩子们在玩光影游戏!"

"有没有发现问题?""嗯!桌脚不稳!"

"好的,还有吗?""材料不够丰富!"

"嗯,还有吗?""不能合作玩,只能孩子一个人游戏!"

"还有吗?""……"

"非常好!能够看出这么多问题,那,这些问题怎么解决?"

"桌脚不稳可以找东西先垫起来!"

"好,我现在去找!"她飞快地跑去找来几块积木,将桌脚垫好。

"好,材料的问题怎么解决?""可以增加……"

"除了这些,有没有看到孩子收纳的问题?这么多沙子散落在地上怎么办?""可以提供小扫帚,让孩子自己收拾整理!"

老师的观察记录重要吗?当然重要,那么观察记录的价值和意义在哪里呢?仅仅是为了写而写吗?肯定不是。观察是为了看见儿童,发现问题,所以观察就是评价,而不是割裂开来的,所以才更提倡日常的评价主体应该是教师本人。

发现问题是不容易的,需要一双专业的眼睛。但是,首先是看,把自己能看到的问题解决好,然后再接受指导,慢慢去发现自己本来看不见的问题,专业能力才能慢慢提升。

同样,在音乐区我也逗留了好一会儿。我看见三个孩子在敲琴,一边敲一边看曲谱,玩了一会儿就散了。我们允许孩子探索,感受琴的音色,感受节奏。但是如果一个学期过去了，孩子依然处于这样一种游戏的状态，是不是有问题？那么问题在哪里呢？

经过观察我发现：第一，孩子找不到"5"的音，因为不知道是谁把5的上半截撕掉了；第二，孩子只敲音符而不会敲节奏，因为孩子不会唱这首歌曲，不知道旋律。

那么这样的问题如何解决，就留给老师们去思考了。

每个教师的专业发展有其自己的节奏和速度，一个园所的教研主题也一定带着它的个别性和独特性，不能搞"一刀切"。而这种专业能力的提升，需要时间的积淀和教师个人学习力。

没有一种青春不被看好，没有一种青春不满怀期待。

（摘自 2022.3.3 日记）

## 08 没有答案

"很少有人给出结论性的答案,常常一个问题讨论半天,最后却不了了之,因为没有人给你可以不用思考照本宣科背下来就行的唯一答案。"

而我们从小就接受了太多给予性、告知性的答案。从小学开始,有考点、有重点,老师会帮助梳理、提炼,然后告诉你:这是必考的。于是通过背诵、通过刷题不断地巩固。直到自己独立学习、独立阅读时,有的人忽然发现,当没人帮你划重点时,你已经不知道怎么看书、怎么面对考试了。

处理问题也是一样,从小到大,父母都会帮着你、指点你、告知你,甚至是替代你处理、解决各种大大小小的事务,我们习惯了有人给答案,而且我们知道有人会有答案。于是,到了工作中,有的人面对自己遇到的问题,手忙脚乱,不知所措。

长大以后的孩子,就像一个失去了支撑的糖人,表面看似坚强,却是外强中干,"啪嚓"一声掉在地上,就摔了个粉碎。

所以,当我们摆脱他人的给予,学会独立思考、独立解决、独立生活后,成长才真正开始。

作为一线的教育工作者,我们要习惯于对孩子说:"你说呢?你觉得应该怎么办呢?""我很想听听你的想法!"询问、倾听、尊重、鼓励,是一系列顺应的行为工具,即询问孩子问题、倾听孩子答案、尊重孩子选择、鼓励孩子行动。哪怕失败了,依然是这一系列工具,即安抚情绪、询问原因、倾听分析、继续尊重选择、鼓励行动。循环往复……解决问题的结果不是最终目标,而是在其中,我们教孩子学会了如何面对挫折、如何独立思考、如何坦然接受。

"去试一试吧!"这不应该是一句懒老师的话,而是一句充满教育智慧的话。当然,只凭这一句话还不足以支撑起一个教师的智慧行动。因为在孩子尝试之前,要有环境的准备、材料的支持;在孩子尝试的过程中,要有一双始终关注、鼓励的眼睛;在孩子尝试之后,要有倾听、分析的能力,还要有耐心等待的态度,要学会接受"不成功"。虽然这种"不成功"只是一个结果上的不成功,事实上,当你做了以上行动后,你就已经成功了大半,还有一小半,需要你一直这样坚持地做下去。

没有答案,就是最好的答案。

(摘自 2022.3.7 日记)

# 09 视角

中午巡园，一位漆匠师傅正在做油漆，用标尺把棱角抹得四平八稳。我路过时，站着看了一会儿，对他说："师傅，幼儿园里的造型不需要做得这样直，应该有些弧度，否则太尖锐的角会产生安全隐患。"他打量了一下他的手艺活，说："从我们做工人的眼光来看，如果不直就不好看，说明手艺不过关。"我们讨论的内容是一件事，但是看问题的角度却各不相同。他的出发点是好看，关注的是边沿直不直。我的出发点是安全，关注的是如果太直的话是否会存在安全隐患。

我们常说，"井蛙不可语海，夏虫不可语冰"，如果对方从未看见过、从未经历过，是不可能与你站在同一个视角去讨论问题的。他无法理解你，也无法认同你，他最大的怀疑是"怎么可能？""怎么是这样？""如何能做到？"

就像昨天户外活动时，小班的孩子把五六张平衡板凳架在垫子上，有的靠得近，有的离得远，近距离的只需要双脚并拢就能跳过去，甚至走过去，而远一些的就需要跨跳的方式才能完成。保育员阿姨看见了，赶紧把离得远的摆近一点。我对阿姨说："不要帮他们改变原来的方式，如果孩子跳不过去，应该让他们想一想可以如何解决，而不是我们替代孩子去思考，甚至改变孩子的挑战能力。"我想，我虽然这么说了，可是阿姨可能并不完全能理解这样做的意义和价值，因为我关注的是孩子的学习与发展，阿姨关注的是安全。但是她并不知道，如果是孩子自己摆放的位置，那就一定是他们可以完成的距离，如果他们尝试了完不成，会自己进行调整。除非是成人事先摆好的。

这也让我想起若干年前，也是我与保育员阿姨的一段小故事。小班的小朋友把牛奶打翻了，阿姨赶紧上前去抹桌子。我阻止了阿姨，并对她说："你不要动手，只动嘴，先让他不要害怕，然后问他可以怎么办？让他自己去想办法。"阿姨果然按照我说的去和小朋友交流起来，然后小朋友就找到了纸，顺利完成了一件自己可以做的事。正在我表扬阿姨的时候，又一个小朋友把牛奶翻在了地上，阿姨又用这句话，孩子说用拖把拖，于是阿姨拿来拖把，本意想让孩子拖,但是看看高高的拖把,小班的孩子估计拿不动,于是竖起拖把问我:"你看我是拖还是不拖?"我大笑,建议说:"你可以邀请孩子和你一起完成。"

有人说,不过是生活中的这么一点小事,值得如此大费周章吗?但是在我看来,生活中点点滴滴都关乎教育的大事、成长的大事,没有一件是可以忽略的。

视角不同,思考问题的站位就不同,结果当然也就有万千差别了。

(摘自 2022.3.9 日记)

# 10 看见

早晨，户外活动时间，我在操场上拍到一个小班的孩子。

一个穿红衣服的男孩在搬长板凳，前前后后一共搬了七张，都是他一个人搬的，小小的人在操场上来来回回。搬过来的长凳有的叠在一起，形成一个交叉的"十"字形；有的搭在一起，成为一个长的桥梁；有的摞在一起，成为一个斜斜的坡道。

在他搬运的过程中，我问一旁的小刘老师："假如，他搬完了，却没有去玩，而只想坐下来休息一下，或者径直去玩别的器械了，你怎么看？"

小刘老师说："他在搬运的过程中，专注于搬运的动作，发展了大肢体的协调能力。所以，我们没必要把孩子强拉回来，因为他已经完成了他想要完成的'工作'。"

也许我们对这样的行为有些不解，在成人的想象中，孩子搬运不就是为了玩吗？谁知道他搬运结束后不玩，那就说明这个孩子没有耐心，做事做一半就注意力分散了。

事实上是什么呢？这是小班幼儿特有的思维，是内在的图式行为，这种图式叫作搬运图式，即自己在不同的地方移动，把物品从一个地方移到另一个地方。他们用这样的图式行为不断地尝试理解和认知周围的世界，他们通过游戏、探索和重复的图式行为，将现有的知识、理解和经验融入新的情境中。

在我们的注视下，孩子终于搬运结束了，正如我所预料的那样，他开开心心地在他搭建好的长凳上走了两次，转身就跑向小刘老师这边的器械开始玩了起来。

所以，针对昨天在教研活动时，有老师提出来的"教师介入的时机"，这是一个泛化的、笼统的问题，我想应该是具体问题具体看待，针对真实的案例，采取适宜的方式，而非标准化和模式化。

如果是上述的场景，当你读懂了孩子背后的原因，理解他们的图式行为，你还会去控制和要求他们，还会失望于没有后续的游戏吗？教师的介入问题在这个案例中就不是问题。

  当下的教育很"卷",而且还有愈卷愈烈的趋势,可是,亲爱的老师,你一定要守好自己的初心,不要被外在的东西身不由己地卷着走,抬头看天,低头走路,做一根桑枝,有柔性、韧性、弹性,灵活应对竞争。

(摘自 2022.3.24 日记)

# 11 如果不谈课程会怎样？

特级教师李镇西曾说过他想办一所没有特色的学校。所谓的没有特色，就是教师安安静静地和学生在一起，备好每一节课、上好每一节课，关注每一个孩子的成长。

而在幼儿园里，动不动就要课程，如园本课程、班本课程……名目繁多，说不清，理还乱。有的把地域特点当作课程，有的把成人特色当作课程，有的把活动当作课程。从大课程的概念来说，这些可以算是，也可以不算是，因为他们只是课程的一小部分。例如，地域特点和成人特色只是课程资源；例如，活动只是课程其中的一个内容。而从小课程的概念来说，只要是3～6岁儿童喜欢做的、且能做的事，都是课程。

于是，我忽然突发奇想，如果我们有一所幼儿园，没有课程会怎么样？《幼儿园工作规程》（以下简称《规程》）里说，幼儿园的任务就是要"贯彻国家的教育方针，按照保育与教育相结合的原则，遵循幼儿身心发展特点和规律，实施德、智、体、美等方面全面发展的教育，促进幼儿身心和谐发展"。《幼儿园教育指导纲要（试行）》（以下简称《纲要》）里说"幼儿园应为幼儿提供健康、丰富的生活和活动环境，满足他们多方面发展的需要，使他们在快乐的童年生活中获得有益于身心发展的经验"。

我们就是单纯地按照《规程》、《纲要》和《指南》，遵循儿童的生长规律和特点，追随着儿童的兴趣和需要，创设适宜的环境，提供适宜的材料和支持策略，在一天的时间里，安静地陪伴着儿童。行不行呢？

这样的课程是一种生活方式，是基于儿童的生活。我们当然也有目标，因为《指南》里也说得很清楚，3～6岁各年龄段的孩子在不同时期应该做什么，能做什么，大致达到什么发展水平，我们是有依据的。我们要做的就是把这些目标分化到每一天的生活中、游戏中、活动中，有计划、有目的，但又尊重、接纳幼儿的兴趣，有效地支持和促进幼儿的发展。

这样的幼儿园发展下去最终一定会形成自己的课程，而且我相信，这样的课程更具特色、更具生命力。

　　这样的最终结果是不是与我开篇提出的"没有课程的幼儿园"相违背呢？不，一点也不违背。因为，我们不要急于去架构课程，不要急于无中生有地编课程，不要急于呈现自己的东西，因为课程是生长出来的，没有时间、没有积淀，即使是生长出来也是打了"营养素"的拔苗助长。

　　事实上，具有园本特色的课程需要你先去做，做的时候不要想结果，而只是单纯地做该做的事、正确的事。于是，在做的过程中，"课程"就会在某一个时间点与你相遇。

（摘自 2022.4.6 日记）

## 12 示范倾听

我们可以告诉孩子什么是花、什么是蝴蝶、什么是果子,因为孩子能看见、能闻到、能触摸、能感受,可是关于那些形容词,我们如何让孩子学习?例如,什么是认真倾听?

我坐在小椅子上,恰好可以与孩子平视,我用眼睛注视着正在说话的孩子,带着平和的神情。等孩子说话后,我捕捉他话语里的信息,反述给他,并问他:"是这样吗?"他点点头。

我问其他孩子:"你们有没有注意到,刚刚我是怎么听他说话的?"

"你用眼睛看着他。"

"他讲话的时候,你没有插嘴。"

"他讲什么你都知道。"

"为什么我都知道呢?""因为你认真听了!"

"是的,我眼睛看着他,听他讲话,不插嘴,把他讲的话记在心里。这就叫认真倾听!马上要成为小学生的人,都要学会认真倾听的本领。"

这是我和孩子们在交流中的一段对话。《指南》里说:"认真听并能听懂常用语言",对于大班的孩子来说,我们都知道好的倾听习惯对孩子的发展很重要,我们也知道要培养孩子认真倾听的习惯。但是,如果我们只会一味地对孩子提要求,而不告诉孩子怎么做,那么他们恐怕真的不知道为什么要认真听、怎么样才是认真听。

所以,在陪伴孩子的过程中,很多常识性的东西就会被我们忽略掉。我们会很天真地以为,孩子已经明白了,并且能够胜任了。但是事实上,有些事并没有。

想起刚刚工作的时候,面对着孩子不知道要做什么。有经验的老师就教我:"你没事的时候多和孩子讲讲话,就是唠嗑!"若干年后,我在写今天的日记时,忽然又想起这句话。这种唠嗑实际上就是一种氛围的营造和语言的示范。自由自在的话题,无拘无束的闲聊,既聆听了孩子的心声,又拉近了亲密的师幼关系,同时,教师用规范的、标准的、优美的语言为孩子"打个样",用示范的方式让孩子感受和学习正确的吐字归音、语法逻辑、词语句式。

  这就是孩子的学习,这就是成人的榜样作用。我想,这样的教育一点也不复杂。

  温柔而坚持,积极而专注。

(摘自 2022.5.6 日记)

# 13 关于读书

很多人都有这样的感受，很认真地读完一本书，却完全不记得读了什么。事实上，我也是这样，一本书读完之后，书是书，我是我。在这种情况下，我唯一的收获是，当我要用的时候知道可以去哪一本书上寻找。但是让我来具体聊一聊其中的观点，却一句话都说不出来。有时候也会去背一些句子，只是背的时候能记住，过几天又都遗忘了，或者只记得其中的一部分。

于是，除了反复处于背了忘、忘了背的焦灼状态外，就是记录下来。这种记录，有时候是用笔写在笔记本上，写在便签上；有时候就是记在手机上，随时可以翻一翻。

我有时还会针对其中一些观点写感想，这样对书的内容会理解得更深刻，也不容易遗忘。

每天给自己固定的时间读书，也是自己喜欢的一种生活方式。片刻的安宁欢愉，是在文字间跳跃行走的时光。我一直鼓励我们的年轻老师要多读书，如果有碎片化的时间，就去读一读微信公众号里的文章；如果愿意花一些时间让自己安静下来，就去读一些纸质的著作；如果你的阅读面很浅显，就去读绘本、读童话；如果你喜欢人生导师，就去读人物传记……

总之，只要你喜欢，你愿意读什么就读什么，只做自己喜欢的事，不要在意别人的眼光。

幸福往往就是：一个人，一辈子，专心做好一件事。

（摘自 2022.5.9 日记）

# 14 "学会阅读"和"通过阅读来学习"

有这样一道思考题目,"学会阅读"和"通过阅读来学习"之间的不同是什么?学会阅读,侧重于阅读本身,关注阅读的内容、阅读的技能技巧、阅读的结果、教师的阅读指导策略等。而通过阅读来学习,更侧重于阅读中和阅读后的运用学习、发展提升。

这是一道非常有意思的思考题,可以隐射到我们当下的很多教育现象。例如,我曾经和一位同行交流,向她解释为什么我们不上集体教学的美术课。以前我们上"苹果",一课会教小朋友怎么画一个苹果,现在,我们提供一个苹果,可能放在益智区,提供小刀、提供放大镜,让孩子看一看、摸一摸、闻一闻、切一切、尝一尝;放在美术区,让孩子看一看、画一画,我们会准备很多材料,孩子可以捏泥苹果、可以画水墨苹果、可以用线条描苹果、可以撕纸苹果。当然,除了苹果,还可能提供枇杷、石榴……

**同行疑惑**:照你这么说,那画苹果时,不是只有几个孩子能画到苹果吗?画枇杷时,也就几个孩子能画到枇杷吗?我回答:有的孩子画苹果,有的孩子画枇杷,虽然内容不同,但是技能技巧是一样的,积极调动多种感官的体验是一样的,感受与欣赏是一样的,表现与创造是一样的,蕴含的学习机会是一样的。更重要的是,每个孩子都可以按照自己的喜好选择想表现的内容和表现方式,而不是所有人整齐划一地画苹果,唯有苹果的内容,唯有绘画的方式,别无选择。

所以,读哪本绘本不重要,重要的是你喜欢阅读,并能够通过阅读仔细地观察画面,发现故事中的前后线索关联,感受故事的有趣和意义;能够把这个故事联系自己的生活,尝试去创编、尝试去讲述、尝试去表演……这就是通过阅读来学习,阅读的内容只是一个载体,只是一个媒介。你可以读这本书,也可以读那本书,但是如果我们都是爱阅读的人,我们在内心获得的发展一定是一致的。

这也是我们常常提及的:教方法而不是教内容。我们都习惯于去教,可是,你有没有想过,这千变万化的世界落在孩子的眼底,你教得完吗?既然你都教不完,又何必去执着于某一个内容,还不如去转念思考:就一系列的内容,怎么样让孩子自己去选?选了之后怎么样帮助孩子愉快地学?有什么方法?需要我提供哪些材料与指导策略?

所以,如果我们的心中只有"通过观察、感知苹果的形状,并正确地画出苹果"的目标,你就永远只有教的方式,而且一定会有时间限制,你达不到这个目标,或者孩子没有达到这个目标,你内心会很焦虑。而如果我们心中是"感受与欣赏、表现与创造"这样的大目标时,你的内心会很放松,你可以清楚地知道,首先要做什么,然后再做什么,一次、两次、三次……每一次活动都是围绕着这个目标而发生,只不过内容有时候是苹果,有时候是枇杷。

(摘自 2022.5.11 日记)

## 15 一幅作品解读的联想

**教师的记录**：今天，我们在游泳池里玩，池里有石头。风吹过，有花纹，石头旁是圆形的花纹，旁边是一些长长的水波纹。

**教师的解读**：这是一个中班的孩子在微风轻拂的初夏，记录下的水池里的水波纹。他看见水池里有大大小小的石头，风吹过时水面出现了波纹。波纹是不一样的，有的是圆形的，有的是长波纹。于是，他用了顿断的不连续线条表现了圆形花纹，用了长线、曲线、折线表现了长波纹。说明他能够对事物或现象进行观察、比较，发现其相同与不同。同时，他也能够用形状、线条来描述他所看到的场景。

记得儿童诗歌《春天》中有一句"小池塘笑了，酒窝圆又大"。我曾经在教授这首诗时费尽心机，做课件、拍视频。在教学中，我们也常常会问孩子"你知道什么是酒窝吗？小池塘的酒窝是什么样的？"事实上，诗歌教完了，我也不知道孩子们究竟是否理解了什么是"小池塘的酒窝"，只知道，孩子会背这首诗歌了，知道诗歌的名字了。但是今天当我看到这张图时，我完全可以感受到，孩子对于水纹的理解与感知。在这样的生活经验积淀基础上，孩子们再来开展《春天》这首诗歌的学习，才是自然而然、顺理成章的事。

我们都在谈科学做好入学准备，其中有一句"为幼儿提供广泛接触自然和社会的机会"，积累丰富的感性经验。如果我们的孩子在幼儿阶段充分感知大自然，通过体验操作、尝试发现，不断丰富多种经验后再去学习那些课文时，就一定能做到驾轻就熟。因为无论学习什么内容，无非就是从记忆深处把这些感受、体会翻出来加深印象，把零散的经验转化成为系统的知识而已。系统的知识相当于象牙塔的高峰，象牙塔有多高，取决于它的底座有多厚实，底座就是童年的经验感知，越丰厚、越充盈、越广博，将来的象牙塔就越高。

童年时期的玩耍，就是在扎根，就是在铸造基石。

（摘自 2022.5.12 日记）

# 16 惊喜

一上午看了两个活动，一个是晨圈活动组织，一个是参加"一三五"考核的集体教学组织。前一个是园内组织的教研，后一个是任务性的听课。两个老师都很年轻，工作才三年。

首先让我惊喜的是，两位老师抛出的话题非常清晰，每一个问题都是简明扼要，规范而完整，没有以往我们常见的老师啰唆地解释。与幼儿的交流也很自然，没有刻意地拿腔拿调，故作兴奋或故作神秘，没有"哇"这样的感叹词，就是日常式的你说我听、帮你记录、自然交流的样态，平常的语气、平常的微笑、平常的表情、平常的说话方式，让人听了很舒服。

然而，更让我惊喜的是我们的孩子，一个是小班的，一个是大班的，真正表现出了"想说、敢说、喜欢说"，与教师积极地回应对答。例如，晨圈活动的话题是"防暑小妙招"，三个问题：夏天吃什么食物能让自己降温？夏天借助哪些工具能让自己降温？我们参加户外游戏有什么办法让自己防晒？每一个问题我都担心小班的孩子听不懂，结果每一次孩子都能准确地回应，而且还有好多个答案。大班的孩子更不用说了，积极主动地讨论、思考、表达。

我坐在旁边就一直在思考，尽管平时我们没有集体教学，但是我们在晨圈活动、游戏分享、小组活动时，选择幼儿熟悉、感兴趣的话题，让幼儿有话说，以引导的方式营造交流的氛围，让幼儿大胆说；用梳理提炼和完整示范的方式让幼儿规范说。同时，引导幼儿知道什么是专注倾听，如何做到专注倾听，什么是轮流说话、怎么就能做到轮流说话。所以，当幼儿拥有和具备这些能力时，是不是集体教学这种形式又有什么关系呢？而幼小衔接中，这些素养才是衔接的重要内涵。而这些内涵，早就融在三年每一天的时光里了。

（摘自 2022.5.23 日记）

## *17* 普通者的努力亦是孤勇者的努力

据说在火车上,一旦播放了《孤勇者》的旋律,从车厢前至车厢尾,都能掀起一波大合唱,首尾呼应,颇令人震撼。因为好奇,我点开倾听,于是明白了它受欢迎的原因:关于英雄的梦想和奋斗,加上积极向上的歌词和高昂铿锵的旋律,终于在这个 2022 年的春夏之季,被孩子们踊跃传唱。

我一直认为,在时代滚滚浪潮的大背景下,我们都是再平凡再普通不过的一员。可是,普通人亦有普通人的梦想,有属于他自己的个人追求。例如,求职、涨薪、升职、恋爱、结婚、生子……或者,没有明确的内容,就是每天过好日子,例如,做美食、把家里打扫干净、给爱人一句赞美……无论何种梦想,它的初衷若是积极的,那总是值得称赞的。

我喜欢有梦想的人,因为那一定是一个心存向往、心怀美好的人。

梦想分为两种。

有的梦想,是靠你自己努力就能实现的。例如,每天起来锻炼身体,每天回家做顿好吃的,把家里打扫干净,认真学习、钻研,读完一本书,写好一篇文章,练字、画画、弹琴,考一个高分,拿到一张属于自己的专业证书……这些梦想成功与否,你自己有绝对的掌控,只要你真心想去做这件事,并愿意为之付出所有辛劳,假以时日,都能实现。当然,只停留在文字和语言而不落到实处、以炫耀为目标的假努力则不在其中。

还有一种梦想的实现,是要"借力"的,你努力是一方面,机遇是另一方面。例如,你想换岗位,你想获得一个体制内的编制,你想升职加薪,你想和自己心仪已久的人携手共度余生……这样的梦想,就不是靠你单方面努力就能实现的,有机遇、有缘分、有运气……有很多不确定的因素。

所以,"借力"的梦想分为两种,一种是可能会实现,一种是可能不会实现。如果你拥有的是这样的梦想,那么,你一定要有一个平和的心态,即"如果拥有,你将感恩自己的努力与命运的垂青;如果没有,那可能缘分未到,不必气馁"。

在可能不会实现的梦想里,还分为两种。

一种是"暂时没有实现,只要持续努力,后面还有机会",例如,今年升职加薪的名额有限,但明年依然有名额;今年考编分数差了点,明年依然可以考……这样的"暂时",是让你知道,你在努力的过程中还存在一些不足,你需要再加把劲。

另一种是"永远不会实现",例如,你心仪的对象明确地告诉你已经有了另一半,你的年龄超过岗位的要求……那么你就要知难而退,换个梦想,否则你后面的所有努力就会变成一种钻进死胡同的固执和不理智。

所以,有梦想是非常值得点赞的事,但是,你如何对待梦想却是一件见人、见德、见秉性的事。前者是每个人都能拥有的,后者却只有脚踏实地、奋进拼搏但又智慧、通透、豁达的人才能收获。

所以,不要一味抱怨没有实现的梦想,而是要去好好想想:是否是你个人努力能实现的梦想?如果答案是肯定的,那就一往无前、无怨无悔、坚定步伐地去努力,就像《孤勇者》里所唱"战吗?战吧!"只要苦不死,那就拼了!

如果答案是犹豫的,是要靠机会、靠缘分、靠运气的,那么请问:你的心态摆正好了吗?你能接受付出努力却一无所获的结果吗?如果可以接受,就无须抱怨;如果不能接受,你还在等什么呢?换个梦想啊!多大点事?

如果你曾经很努力地付出却没有好的结果,但你并没有后悔,即便是知道明明没有结果却依然愿意去努力尝试,那么我敬佩你的勇气。

如果你既舍不得曾经付出的努力,又哀怨于没有结果的现实,变成一个"怨妇",时时尖酸刻薄,对他人冷嘲热讽,那你就需要调整下自己的心态了。

还有,所谓的努力,是实实在在干出来的,不是请吃请喝搞关系换来的,否则,对个人的成长不是一件好事。因为人们会总结收获梦想的原因,如果是实实在在干出来的,你以后遇到困难还是会实实在在地干,会反思自己还存在哪些问题并愿意努力改正、付诸行动。而且,你在工作中、生活中就会喜欢实实在在的人,你们有共同的气场和共同的话语,时间长了,你的身边就会围绕着这些踏实、肯干、大气的人。

相反,如果你的成功是靠拉关系获得的,你就会觉得踏实肯干是没用的,搞关系才是硬道理,久而久之,你会对老老实实干工作的人嗤之以鼻,看不上他们。你的身边也都会围绕这样溜须拍马、夸夸其谈的人。将来遇到问题,你只会觉得关系没有到位,都是别人的错,而不去反思自己身上的原因。"墙上芦苇,头重脚轻根底浅;山间竹笋,嘴尖皮厚腹中空",如果这样的人一旦走上管理岗位,又喜欢虚名,又不愿意吃苦,岂非一件可怕的事?

梦想是美好的,但是在追求梦想的过程中,一是要努力,二是要有好的心态,既仰望星空,又脚踏实地,疏朗通达和吃苦耐劳,缺一不可。

——致正在为梦想而努力奋斗的年轻人(摘自 2022.7.9 日记)

# 18 "游戏"儿童

有时会在手机上看到这样的视频，桌上放着小零食，孩子排着队一个一个走上前来，有的视频里老师问："老师和妈妈掉进水里，你先救哪个？"有的视频里老师问："你妈妈多少岁了？"孩子胡乱地说出一个答案，拿走一袋小零食，荒唐的答案引得视频里的老师一阵笑声和随口的评价。

而荒唐的又岂止是答案，连同这样的所谓"创意"，连同这样的视频，以及视频的拍摄者，都是荒唐之极。更荒唐的是，这个所谓的幼儿教师就这样堂而皇之地把这样的视频放在各种自媒体上，居然还引来很多家长的评论："孩子们太可爱了！"

请恕我眼拙，真没有看出来孩子的可爱，只看到无聊的游戏和成人刻意的摆拍。

职业使然，我会特意看一下视频的背景，即所处的教室环境。空荡荡的教室、高度饱和的色彩、简单的区域或者没有区域，一看就是非正规的私人园所。

拍摄这样的视频无非是博取关注、换取流量，可是她们忘记了，自己的身份首先是幼儿教师，而不是博主，不是网红。一旦有任何问题，引发的是社会、家长对这个群体的关注，他们会说"看，幼儿老师打孩子了""幼儿老师不负责任""幼儿老师素质太差""幼儿老师……"一颗老鼠屎坏了一锅粥，明明害群之马只是少数，却非要让这个"圈子"里的所有人一起沉沦。

所以，师德教育不能有遗忘的角落，行政管理层面也要对这些机构的保教队伍、保教质量加以监管和督查。而同时，我又不禁叹息：这又何尝不是因为市场的需求？公办幼儿园"入园难"，孩子要上学，就催生了一大批这样的私人机构，几张桌子、几张椅子、几张小床，放一个滑梯，大门一关，就变成了一个幼儿园。很多家长依然认为，幼儿园就是管管孩子的，更何况这样的幼儿园价格便宜。而这类幼儿园也认为，我就是帮你带带孩子，顺便把钱赚了。于是，双方达成各自的需求。

看到视频里孩子被戏弄的迷茫表情,听到视频里肆无忌惮的笑声和配音,真是觉得无聊之极、悲哀之极。孩子就是换取流量的工具,何谈尊重、何谈爱心?而这样"游戏"儿童的一幕幕要在哪一天才能停止呢?

(摘自 2022.7.11 日记)

# 19 这种指导是否有必要

有一个案例一直在我心里盘桓。在案例分享中,有老师偶尔发现孩子用泡泡型、九宫格等方式做思维导图,记录自己的活动。于是,一旁的园长点拨老师,让老师进一步去指导孩子,做更复杂的思维导图,于是在老师刻意地指导下,果然就有孩子做出了数学概念中的集合模式导图。于是案例有了成果,被介绍和宣传。

我质疑的点在于:第一,当孩子并没有生发需求时,教师是否有必要这样去刻意指导?并冠以"深度学习""持续学习"的名号?第二,个别能力强的孩子在老师的指导下学会了这样的方式,是否意味着这样的指导应该是常态,所有的孩子都有必要这样做?第三,园长展现这样的案例,是否是在告诉所有的老师,以后你们引发孩子的学习就应该这样做?

我的观念是:如确有个别孩子在游戏中遇到这样的情况,老师确实是可以引导孩子学习用集合的方式记录。前提是,孩子遇到问题了,不知道这样的情况该如何记录了,孩子向你求助了,或者是你发现了,于是你做了个别指导,鹰架孩子的学习,让刚好发展到如此阶段的孩子习得这种适宜的方式。但,这一就事论事的个别指导,也不是你工作的常态,也不是你工作的全部,你不必因为某个孩子的需要而刻意地指导每个孩子都去掌握这一技能。每个孩子的需求都不同,教师该做的,是根据每个孩子的不同需求去激发、引导,而不是发现了一个点,就去套在所有孩子头上。就像以前我读到一个好的绘本,立刻就想:嗯,这本绘本很不错,我要回去怎么上这节课呢?

而事实上,这种理念和做法不就与我们以前常做的"课程故事"一个套路吗?"话说××孩子在××时候发现了××,看到孩子们对这个话题这么感兴趣,于是,我们带领孩子们开展了一次关于××的探秘活动,引发了课程……"

看似来自孩子的发现、孩子的兴趣,却由个别孩子的行为变成了在教师的主导下全班孩子参加的主题活动。然后还制订计划,从第几周到第几周开展这个活动。更有甚者美其名曰"这个活动什么时候结束呢？当然看孩子的兴趣啊！孩子对这个活动不感兴趣了，这个活动自然就结束啦！"

如果老师每天要做这样的主导，那么，她就会疲于奔命，就会有忙不完的计划、忙不完的目标。她们永远也发现不了一个个灵动、有趣的生命，这些生命有的在想这个，有的在关注那个，有的在这样表达，有的想那样记录。所谓，"儿童有一百种语言，儿童有一百种表达方式"。

从完全由教师掌控的"课"到所谓幼儿兴趣引发的课程故事，不过是从设计一节课到设计一个主题，本质没有变。而如今一个孩子的游戏记录，也要被用来进行深入的、持续的指导。看来，老师们是多么不放心孩子，多么担心"我不做点什么孩子就一定会错过很多学习的机会！"

（摘自 2022.7.23 日记）

## 20 写给年轻的管理者

以下文字写于2022年7月19号,竞聘工作刚刚结束,今天公开发出,是感谢新竞聘的她们选择了"我们",成为"我们"的一员,同时,也和她们一起分享我的管理感悟。

首先祝贺你在第二轮县管校聘中脱颖而出,成为丹北实幼行政管理团队的一员。作为园长,我已经站在这里等你很久了。

等待你,除了想向你表示祝贺、表示欣喜、表示欢迎外,我还想以过来人的身份给你一些行政管理人员的建议。

做管理,说到底,管的是人,理的是事,你永远要记得,人比事重要,有了勤奋努力的人,就不怕困难的事。

可是,这世界上最难管的偏偏就是人,形形色色的人,有心灵手巧的,有小肚鸡肠的……所以,如果你遇到一位踏实、敬业、稳重、大气的老师,你一定要学会感恩,她是上天送来帮助你的,就像我遇到你。而如果你遇到一位斤斤计较、自私自利、总是想不劳而获或者少劳多获的老师,一点不要奇怪,你未来所拥有的管理能力,将从她开始起步、收获。认清这一点,你的心理落差不会那么大。因此,以一颗平常心,去坦然地面对并接纳每一种人性,是你走上管理岗位要学会的第一种能力。

同时,你还要相信一种人性,那就是每个人都有荣誉心。窃以为,这是你开展管理工作始终要摆在首位的认识,因为,没有人能真正做到"躺平",真正干不下去的人早就卷铺盖跑路,不干这一行了。所以,如果我们没有能够调动起一个人的工作积极性,一定还有我们忽略的地方。不要着急,做管理,就是寻找和尝试各种鼓励的方式,让人心动起来、行动起来。

西天取经路上,孙悟空外出化缘时总会给唐僧画一个圈。对管理来说,那个圈就是惩罚圈,惩罚圈对谁最有效呢?对认真踏实工作的人最有效。你一定很惊讶吧?惩罚圈不应该是惩罚那些不遵守规章制度犯错误的人吗?当然不是,一所学校的正气,不是靠犯错的人来树立的,而一定是依靠爱岗敬业的人建构起来的,他们应该站在圈子中央,树榜样,做示范,让在圈子周围观望的人自觉走进圈子里来接受规范和制度。至于远远站在圈子外面的人,根本不用管他,他愿意跟就跟上,不愿意跟就会被淘汰,选择权在他不在你。任何一个单位,都会有游离在圈外的人,而你只要保证站在圈中央的是大多数人,这个团队就能熠熠生辉。

有一个念头,只要你在管理岗上就永远不能有,那就是:我是领导,你们凭什么不听我的?但凡你这么想了,你就已经输在了起跑线上,你每一天都将活得很痛苦。管人和理事有的时候需要颠倒过来看,因为有时候,你把事理好了,人自然就管住了。怕只怕,你不能理事,只会管人,那么事也理不好,人也管不了。所以"身先士卒""率先垂范"绝不是一句随便说说的话。要知道,你是从业务起家的,所以如果够聪明,就一定要不断与时俱进、提升业务能力,业务傍身,绝对是"一招鲜,吃遍天"。铁打的兵营,流水的园长,任何一个领导都需要有能力的人做事。所以,不用拍马不用奉承,认真做事就好。

我一直都没有问过你们,为什么选择做"行政管理"?我想一定不仅仅是为了一个"虚名"。做行政管理是很辛苦的,意味着从此没有了自己的时间,没有了自由,随时回应,随叫随到,说话做事处处都得受着约束、受着牵制、立着人设,有时事情没有做好还要饱受委屈,两头受气。那做这个管理有什么好呢?我思来想去,结合我这么多年的经历,无非就是"成长"和"成就"四个字,成长自我,成就他人。在这个平台上,让你见识更多的人、更多的事,开阔你的视野,提升你的格局,改变你的为人行事风格,让你身边的每一个人因为你而变得美好,甚至超越你,而你则学会站在身后为他们鼓掌。

因此,在这个问题上,我总结了三点:

一是在对人上,学会尊重、学会包容、学会沟通、学会等待;

二是在对事上,学会取舍、学会把控、学会甄别、学会顺应;

三是在对己上,学会担当、学会反思、学会吸纳、学会坚守。

把恣意放任的人生过成一种自律的格调,活出一种华丽的蜕变,不断惊喜地发现自己:原来我本可以!

(摘自 2022.8.28 日记)

## 21 回头看

开学初开展环境巡视时,我走到一个班级区域,问老师:"这里的环境为什么要这样摆?你出于什么思考?"

如果说我们与幼儿的互动要更多地开展有效提问,即开放式的提问,那么我们与教师即时互动时也要有开放性的提问方式,去引发教师对自己工作的反思:我为什么这么做?我是如何思考的?从而以批判思维重新审视自己的工作,并做出优化调整。

在今天的开学会议上,我向老师们提出一个观点:不解决问题的努力是假努力。话题来自一个西安的公交车司机,他总是遇到乘客下车时问他各种地址怎么走,于是他在每一个站点注明了该站点通往的各种常见地址,以及前往的方向和距离,并用不同颜色的小纸条贴在站点上,需要的乘客可以自己取走。一个司机,只是遇到了一些询问,就立刻有了上述举动,不可不谓用心。这就是解决问题的努力。

我们常常忽略工作中的细节,只是去做习以为常的工作,而不会停下来反思一下:在这个问题上,我该如何解决?我该如何更好地解决?在解决的过程中还存在哪些问题?

所以,我们要经常回头看,不断地突破自己,打开思维的格局。

(摘自 2022.8.29 日记)

## 22 相信努力的意义

最近读到了许多关于"努力"的解释，但是最打动我的却是最后一句话"在努力后未能达成想要的结果，却依然相信努力的意义"。这不就是罗曼·罗兰所说的"看清生活的真相后依然热爱生活"的通俗版吗？

意志坚定的人每天都可以努力，但是经历过挫折、经历过失败之后依然相信努力是有用的，真的是一件很难的事情。他不怨天尤人就算好了，怎么还能相信努力有用呢？而能如此思考的，是具有大格局的人。所以一味闷头努力干活的可能会是蛮干家，而越挫越勇、屡败屡战的，一定是勇者、智者。

中国人常说的"赢"，并不是超过他人，而是拥有战胜自己的勇气，仅仅把别人比下去，这个格局就太低了。而只跟自己较劲的人，才是真正值得佩服的人。我很喜欢这样的人，发自内心的喜欢。

"舍我其谁""唯我彭大将军""我命由我不由天"，这是对自己的宣言，给自己下的挑战书。有时候，人要学会突破自己的舒适区，尤其是受了挫折之后的逃避，其实就是弱者的表现。所谓成长，无非就是"吃一堑，长一智"，没有硬生生吃下去的"堑"，又怎么会有好端端长出来的"智"呢？经历过的才叫风景，人生没有白走的路，每一步都算数。

请你牢牢记得，人生最终的公平，会是每个人的格局决定了每个人的结局。

（摘自 2022.8.30 日记）

## 23 游戏，静静地关注

若干年前，我在就读研究生期间，一天傍晚时分，路过长长的食堂电梯。因为暑期在校的大学生减少，通往二楼食堂的电梯就不再工作了。有一个小女孩，大概五六岁的模样，正闭着眼睛端端正正地坐在电梯上方。出于对孩子行为的好奇，我对同伴说："别走，看看她在做什么？"于是我俩停下脚步，为了不让小女孩觉察有人在刻意关注她，我们还稍稍变更了地方，让一片盆景植物挡住我们的身体。

只见她从电梯上方，慢慢地用手摸索到电梯台阶，然后一点一点地挪动小屁股，因为闭着眼睛看不见，这期间还伸长小脚去试探下一层的台阶，等到小脚可以稳稳地够到下一层的台阶时，再用手撑着身体，将屁股移动，直到坐上下一层的台阶。然后再用同样的方法，一点一点地再往下移动，这期间，眼睛一直闭着。等到自己觉得大概离最初坐着的台阶有了一段距离时，她把眼睛睁开，回过头来看看上面的电梯，觉得对自己的尝试很满意，脸上浮现开心的表情，不过马上就转过头来，继续闭上双眼，又开始重复刚才的一系列动作，一直移到电梯下方的最后一个台阶。她把眼睛睁开，脸上是获得成功而有些小得意，甚至有些小窃喜的笑容。她在这种探索的过程中获得一种成功的满足，这期间，她能对自己移动过程中的距离作出准确的判断，大概在回头看的过程中还在心里默默数了一下已经完成台阶的数量，并且在无人干扰的情况下坚持着、勇敢地完成了自己事先预定的任务和挑战。

我和同伴在一旁看着，在心里为这个孩子的勇敢尝试而喝彩，也为她最后的成功而欣慰。除了我们，没有人知道那短短的几分钟，正有一个快乐的女孩进行了一个快乐的游戏，并在那个简单的游戏中收获了喜悦，收获了成功，收获了对自我的认知。

其实，有收获的不仅是那个孩子，还有我。游戏是孩子存在于世界的一种基本方式，在那个瞬间，真实与虚幻、谨慎与放松，自然而流畅地交替着。没有人指导她要如何游戏，没有人在这个游戏中预先为她设定好目标，一切是如此的自然发生却又顺理成章。我们有时费尽心机,设计各种各样有趣的、所谓的游戏情境去吸引孩子,却不知在孩子的世界里,真正的游戏,只需要我们停下脚步,给予时间,给予空间,给予静静的关注。

不禁想起泰戈尔的一句诗:"我的爱像阳光,包围着你,又给你以光辉灿烂的自由!"

(摘自 2022.9.1 日记)

## 24 爱上阅读

"大雪纷飞日,围炉夜读时",这是一幅在我脑海里时常涌现的温馨画面。试想,冬日的寒夜,纷纷扬扬的白雪"穿庭树作飞花",而窗内,炉火熊熊,一灯如豆,手捧书卷的那个人倚窗而读,时而欢颜,时而哀伤,惬意而安宁。

很多时候,我都很庆幸,我还可以守住这份内心深处的安宁,就像春天里守住春花烂漫,秋日里守住秋叶静思。因为,我手里还有书,眼里还有不解的困惑,心里还有固守的从容。"人若无名,专心练剑",心底便释然,既而欢悦。安隅静守,何尝不是一种从容、睿智的人生?

读书,让我的心灵纯净,摆脱世俗的困扰,穿越混浊,方能见庭前花开花落,望天外云卷云舒。

读书,让我思绪延绵,独行于五千年的浩瀚星河里,残垣断壁间,收集似曾相识的燕,无可奈何的花,享受无人叨扰的快乐。

读书,让我习惯从容,习惯于被人忽略和遗忘,因此也习惯于在寂寞中坚定与执着。

读书,让我有了梦想,因此,我步履轻盈,同时我也拥有了不容置疑的信念,虽时光匆匆,却执意前行。

"一沙一世界,一花一天堂",平心静气地领略书中一方天地,懂得去感受每一种生命、每一个故事的无可比拟。在历史沉积的大河中与自己的思考碰撞,寻找支持的力量。一句吟诵、一声叹息,也让这吟诵、这叹息,融入自己的能量,让简单平实的生命充满芬芳!

(摘自 2022.9.4 日记)

# 儿歌散文篇

　　从小就喜欢在纸上涂抹，常常"为赋新词强说愁"，写些不知所云的词句。初三时开始发表文章，然后上师范，再到工作岗位，退过稿，坚持过，放弃过，重拾过。这么多年过去了，爱涂抹的习惯居然断断续续地保持下来，也算是一件值得庆幸的事。恋爱、结婚、生子，搬过许多次家，可是在我的书柜里依然珍藏着2001年《早期教育》编辑部寄来的两封信，一封里面装着用稿纪念卡，另一封是作品用错名字的致歉信。那是对过往岁月的一段纪念，一直舍不得丢弃。

　　今日在灯下，一篇一篇地整理自己的小诗、小故事、随笔，透过这些有趣的文字，仿佛看见若干年前在窗前奋笔疾书的小小背影。在和文字为伴的时光里，我活得很纯粹，无名无姓，宛如山谷中一朵野百合，在晚风里悠然歌唱、自在摇曳。

　　踽踽独行的日子像如歌的行板，清欢、浅愁，都付与这字里行间的方寸田园。

## 01  蝴蝶书信

一只只蝴蝶,

是春姑娘写的书信。

春姑娘一封又一封仔细地对折好,

找个花儿邮筒去投递。

大山收到了信,

悄悄披上了绿衣。

小溪收到了信,

欢畅地流淌,飞溅出晶莹的旋律。

桃花收到了信,

羞涩地低下头,洒下一地酡红的花雨。

小朋友收到了信,

绽开甜甜的笑容,

快乐地奔走相告:"春天来了,我们可以去田野里放风筝了!"

美丽的春姑娘,

究竟在信上写了什么,

能让每个人觉得这样幸福、这样欢喜!

## 02 秋天的铃铛

秋姑娘,

脚步轻轻,

给绿油油的果园送来了大大小小、可爱的铃铛。

紫的是葡萄,

黄的是柿子,

红的是山楂。

风儿一吹,

美丽的铃铛便轻轻摇晃,

丰收的乐曲在林间欢快地流淌。

## 03 舞着的秋天

云朵，

在蓝天里舞着，

不断变幻舞姿，

一会儿是奔驰的白马，

一会儿是小巧的羚羊。

枫叶，

在林子里舞着，

一会儿斜斜地飞上天空，

一会儿悠悠地飘落进池塘。

小姑娘的裙子，

也在风里舞着，

携了一兜兜秋花秋果的芬芳。

稻穗在舞着，

野百合在舞着……

舞啊舞啊，

舞出了一个美丽的、丰收的秋天。

## 04 春天的原野

一串串肥皂泡,

圆溜溜,

亮晶晶,

争着飞出小小的院子,

跟着暖洋洋的春风去原野旅行。

瞧,蓝莹莹的小河从绿油油的草地上跑过来,

洁白的柳絮从金灿灿的油菜花丛中飘过来,

粉嘟嘟的桃花、红艳艳的紫荆,

都一起来欢迎可爱的肥皂泡。

这些圆溜溜、亮晶晶的肥皂泡在田野里快乐地飞呀飞呀,

就像放风筝的孩子那喜悦的大眼睛。

## 05 香蕉船

清清的小河边，

晃晃悠悠地飘来了一艘深黄色的小船——

不，是一个吃剩的香蕉皮。

一群小蚂蚁争先恐后地上了小船。

哈！真棒！

不用划桨，香蕉船顺着风打着旋儿往前进，

只听"呼"的一声——哎哟，

碰上了岸边的老树根，小船搁浅了。

小蚂蚁们拽着柳树纤细的枝条，

一个个湿淋淋地上了岸。

这天晚上，

它们都做了一个美丽的梦，

在梦里，

香蕉船飞上了蔚蓝的天空，

变成了弯弯的月亮。

它们在月亮上快乐地唱啊跳啊，

金黄的香蕉船在闪烁的银河里轻轻地摇晃着，摇晃着。

## 06 星娃娃的生日礼物

星娃娃要过生日了。

白云妈妈从自己的裙子上裁下一块布,

做成一个软软的枕头。

白云枕头又暖和又舒服,枕上它,

星娃娃一会儿就进入了梦乡。

月亮妈妈借来太阳的一缕光亮,

做成一盏亮闪闪的明灯,

带着它,

星娃娃在黑夜里快活地行走,

再也不怕迷路了。

晚风妈妈轻轻一吹,

吹出弯弯的波浪送给星娃娃当摇椅。

你看,

调皮的星娃娃坐在上面,摇来晃去,多么神气。

# 07 美人蕉

夏天的清晨，

盛开的美人蕉是一只只大杯子，

盛满清澈的露珠，

像一盅盅芬芳的美酒。

蜜蜂来饮，

蝴蝶来饮。

风儿闻讯也从远处匆匆地赶来，

却一不小心碰歪了一只只美丽的杯子，

让晶亮甘甜的美酒洒了一地。

## 08 春天里的电话

绿绿的柳丝儿，

是一根又细又长的电话线，

一头连着树丫顶上小鸟的家，

一头连着水草深处鱼儿的家。

小鸟在枝头叽叽喳喳地跳来跳去，

不知对鱼儿说了什么，

小鱼快活地从水里跃出来，

逗得池塘笑啊笑啊，

笑出了好大的酒窝。

## 09 春晓

露珠儿醒了,

攀住嫩绿的草尖荡来荡去地打秋千。

柳条儿醒了,

对着欢笑的小河梳理着长发,

布谷鸟儿也醒了,

和着流水,在山谷里婉转地歌唱,

只有醉酒的太阳不肯醒来,

它睡在软软的白云棉被里,

谁也看不见。

## 10 蹦蹦床

圆圆的小池塘，

是鱼儿的蹦蹦床，

小鱼在水面上一跳一跳，

多么快活。

绿绿的荷叶，

是青蛙的蹦蹦床，

青蛙在荷叶上一跳一跳，

多么开心。

嫩嫩的草尖，

是蚂蚱的蹦蹦床，

小蚂蚱在草叶上一跳一跳，

多么神气。

快乐的幼儿园里，

有小朋友的蹦蹦床，

小朋友在上面一跳一跳，多么欢喜。

## 11 雨丝儿

密密的雨丝儿，

斜斜地排列，

一缕一缕，

晶莹透亮。

小燕子飞过来，

要把雨丝当琴弦，

弹首古筝曲：淅沥淅沥，悠扬又动听。

小蜘蛛荡过来，

要用雨丝织一间银色的小屋，

再在小屋周围挂上美丽的雨滴风铃：

叮铃叮铃，温馨又安宁。

金龟子跑过来，

抱住雨丝打秋千，

晃呀晃，荡呀荡，

"扑通"一声掉进水沟里，

开朵水花花。

老奶奶走过来，

绕呀绕，

把雨丝儿绕成毛线，

装进篮子，

她说她要给最疼爱的小娇娇织一件银光闪闪的外套。

密密的雨丝儿，

欢快地下啊下啊。

## 12 捉迷藏

深秋的清晨，

太阳娃娃还在酣睡，

雾穿着一件大袍子，

悄悄地和大家捉着迷藏，

它把房屋藏进衣裳，

它把树木藏进衣裳，

它把匆匆的行人藏进衣裳，

最后，它把酣睡的太阳娃娃也藏进衣裳。

太阳娃娃醒了，

咯咯地笑着跑了出来，

房屋、树木、行人也跟着太阳娃娃跑了出来。

## 13 帽子

小小的伞菌,

是蘑菇的帽子;

高高的树冠,

是大树的帽子;

我弯腰把头朝下,

花草地就是我的帽子。

# 14 蒲公英

蒲公英,

穿白袍,

风一吹,

追着妞妞跑,

追呀追,

跑呀跑,

躲进柳絮不见了。

# 15 一个孩子向前跑去

一个孩子向前跑去,

前面没有玩具,没有气球,

只是一大片飘落的树叶,

她张开双臂,去拥抱那片树叶。


一个孩子安静地坐着,

前面没有电视,没有手机,

只有一朵开着花的蒲公英,

她屏着呼吸,去仔细端详那朵毛球。


一个孩子弯下身子蹲着,

前面没有美食,没有诱惑,

只有一片亮亮的小水洼,

她笑着低头,看见一朵云从头顶慢慢长出来。


我只在后面,不紧不慢,不近不远,

看着她跑,看着她发呆,看着她傻笑,

和她一起跑,和她一起发呆,和她一起傻笑,

不必看着我,不必听我说,不必跟我走。


(2021年的"六一"前夕,写给孩子的"六一"献诗)

## 16 我是天使

嘘,妈妈,
我是天使。

我穿衣慢吞吞,
我吃饭慢吞吞,
是因为天使的翅膀,
才刚刚变成笨拙的小手。

你那样冲我大声吼,
我都没有生气,
总是一会儿就原谅你,
因为我是一个天使,
气量很大的天使。

妈妈,
你有没有很幸运?
因为你的小孩是天使,
尽管这个秘密,
大部分的妈妈都不知情!

(2021年底,幼儿园开展亲子运动会有感而发)

## 17 画春天

树儿吐出绿叶，

花儿绽放花蕾，

鸟儿在云间穿越，

我的画笔是一只哨子，

召集它们在枝头相遇，

于是，

画纸上就有了春天的模样。

（春天到了，疫情期间的幼儿园，花儿绽放、绿芽吐新，生机盎然，遗憾的是孩子们只能宅在家里，未能欣赏这美丽的风景。）

## 18 全家一起过节

听说,

三月八日这一天有很多个节,

当它叫妇女节时,

就是妈妈的节日;

当它叫女神节时,

就是姐姐的节日,

那,

我叫它妇男节,

是不是就是爸爸的节日?

我叫它"妇孩"节,

是不是就该是我的节日?

如果真的是这样那就太好了,

我们全家可以在一天过节!

("三八"妇女节这一天,在朋友圈里看到同事记载了儿子的趣言,问他的妈妈,怎么只有妇女节,为什么没有妇男节?可爱的孩子的话语,我看后抚掌大笑,遂以小诗以记之。)

# 19 老师,你真笨

老师,你真笨,

你只会把板凳摆成两条线,

让我们排队走平衡,

你不知道两张板凳还能交错成"十"字形,

我们可以当摇椅。


老师,你真笨,

你搬着梯子走来走去,

摆放好再允许我们去游戏,

你不知道其实那是消防队员的云梯,

我们去灭火只需高高地架起。


老师,你真笨,

你只看到鹦鹉的羽毛是蓝色,

却不知道深浅的变化多端,

蓝加白,就是浅蓝,

蓝加黑,就是深蓝,

只有小朋友的眼睛,

才能看见五彩斑斓。

老师,

这些小秘密就藏在我心底,

我可不会轻易告诉你,

除非,

你愿意放手,

让我尽情地试一试!

(户外游戏时,老师事先把平衡木摆好,可是只摆了一种。有一次放手让孩子自己去摆,发现孩子们摆出了很多种组合、很多种玩法;老师搬安吉梯,小朋友在等老师放好后再玩,可是孩子说:根本不需要那么麻烦,两个人合作一抬就走,因为他们是消防队员,抬着云梯去救火了;自然角里一只可爱的小鹦鹉,孩子们写生,不断用蓝色加白色、加黑色进行调配,并点在空白的纸上,伸到鹦鹉羽毛旁边去比对颜色,他们边画边告诉老师:浅蓝是加了白色,而深蓝是加黑后变成的,但是只能加一点点,否则就会变得很黑很黑。听了孩子的游戏分享交流,有感而发,遂提笔以小诗记录。)

## 20 月亮妈妈和星娃娃

圆圆的山头,是星娃娃的摇篮。

白天,星娃娃在摇篮里甜甜地睡觉。

晚上,星娃娃悄悄溜出去玩耍。

月亮妈妈看见了,赶紧爬上小山顶,

笑眯眯地看护着星娃娃。

(2001年5月发表于《早期教育》杂志)

## 21 秋游

秋天来了，

一朵朵蒲公英，

像一个个小雪球，

唱着歌儿，

轻快地飞出小田埂，

随着凉爽的风儿去秋游。

他们飞过一片金灿灿的稻田，

沉甸甸的稻穗在风里向他们轻轻招手。

他们飞过一片棉花地，

棉桃姐姐露出小白牙，

羞涩地向他们微笑。

他们飞过绿油油的菜园，

红彤彤的灯笼是辣椒，

黄澄澄的小船是豆荚。

他们飞过蓝莹莹的小河，

看见金黄的树叶和白云一起在水中飘摇。

蛐蛐在这草丛里传唱秋天的童话。

小燕子从后面飞来，

快乐地向他们告别："再见了，我要到遥远的南方去了。"

（2002年1月发表于《早期教育》杂志）

## 22　音乐墙

高高的篱笆墙,是一张大大的五线谱。

长长的藤蔓爬呀爬,卷呀卷,卷成一个小小的音符。

沙沙沙,沙沙沙……

绿油油的藤蔓在风里唱起动听的歌谣。

小白兔听了,慢慢地停下了脚步;

小松鼠听了,轻轻地唱起了好听的歌儿;

蜻蜓飞来,蝴蝶飞来,小燕子也从很远的地方赶来了。

大家都说:"这是一面多么有趣的音乐墙啊!"

(2002年3月发表于《幼儿园》杂志)

## 23 小池塘

圆圆的小池塘,是个安静的小娃娃。

轻轻的风儿来逗它,它静静地微笑。

绿绿的柳丝儿来逗它,它浅浅地轻笑。

我拿一块小石子来逗它,

它"扑哧"一声,朝我绽开酒窝,

露出甜甜的微笑。

(2002 年 6 月发表于《上海托幼》杂志)

# 24 花裙子

小白兔有一条花裙子,上面绣满了大大小小漂亮的花,风儿一吹,裙子就会鼓起来,像一把撑开的小花伞。

春天到了,小白兔穿着花裙子到山上玩,她一会儿在桃林里拾桃花瓣儿,一会儿在油菜地里和小鼹鼠捉迷藏,玩得可开心了。

在回来的路上,小白兔遇见了鹅奶奶,鹅奶奶问:"小白兔,今天你去桃林里拾桃花瓣儿了吧?好玩吗?"

"奇怪!"小白兔说,"你怎么知道我去桃林里拾桃花瓣儿了呢?"

"是你的花裙子告诉我的!"鹅奶奶神秘地说。

小白兔摇摇头,继续往前走。走着走着,鸡大婶又拦住了她:"小白兔,今天去油菜地里捉迷藏了吧?"

"奇怪!"小白兔说,"你怎么知道?"

"是你的花裙子告诉我的!"鸡大婶笑眯眯地说。

小白兔又摇摇头,她一回到家,妈妈就说:"小白兔,今天在田埂上跑了一天,累吗?"

"奇怪!"小白兔嚷起来,"你们好像什么都知道!"

"是你的花裙子告诉我的呀!"妈妈眨着眼睛。

小白兔疑惑地捧起花裙子,只见花裙子上沾满金黄的花粉,她闭上眼睛轻轻地闻一闻:呀,真的,有桃花甜甜的香味,有油菜花淡淡的香味,有浓浓的青草味儿,还有田埂上泥土的清香味儿呢!

"真好真好!"小白兔抱着妈妈又蹦又跳,"你瞧,我的花裙子把春天带回家了!"

## 25 美丽的歌声

夏天的夜色清凉如水,蓝宝石般的天幕上缀着一两颗星星,时明时暗。幽幽的风从林子的灌木从中穿过,带来野百合淡淡的香味,还有遥远的地方飘来隐约的歌声和笑声。

这是一个多么安宁美好的夏夜啊!

所有见过这样情景的人都会忍不住发出这样的赞叹。有一只小青蛙靠在人家园子的栅栏上也这么轻声地说,"这样一个美丽的夜晚,我却被拒之门外,不能再参加这一年一度的乘凉晚会了!"他抬起头来,望着夜空哀伤地说,"难道我的声音真这么难听?可是我已经练习了很久啦!"

他跳到园子的台阶上,两手托着下巴,脑子里还在回想着刚才在乘凉晚会上别人对他的嘲讽与挖苦。

"就凭他这破铜锣嗓子,也来参加今天的晚会?"这是喜鹊的尖声尖气的声音。

"唉,这可怜的小东西,是不是搞错了?这里可不是什么选丑大会呢!"黄鹂拍着翅膀故作怜悯地说。

百灵鸟倨傲地踱着悠闲的步子,在香樟叶搭起的舞台上走来走去,根本不屑看他一眼。

小青蛙伤心极了。

"我真没用,练了这么久的歌都唱不好!"

他想着,心里充满了羞惭与懊恼。

忽然,一阵清晰的哭声惊动了他,他立刻跳起来,用敏锐的眼睛到处巡视。哭声是从附近一户人家传出来的,在夜色里听来特别响亮。小青蛙跳过去,看见房间里一个孩子用床单裹住身子缩在床角哭道:"妈妈,妈妈,妈妈!"

小青蛙认得这个孩子,那是有一天妈妈带着他从屋后的稻田里经过时告诉他的,孩子的爸爸妈妈长年累月不在家,家里就只剩下奶奶带着这孩子一人。

孩子哭得很伤心,不停地喊爸爸妈妈。

小青蛙隔着玻璃轻轻地喊:"小朋友,别怕,别怕!"

可是他发出来的声音只是"咕儿呱!咕儿呱!",小青蛙失望极了,"我真没用,我帮不了他,"他想,"我还准备唱首歌给他听呢!"

他难过地正准备从窗台上跳下来,这时,那个孩子听到了青蛙的叫声,忽然停止了哭喊,"是小青蛙,多好听的声音啊!"他想起了从前爸爸妈妈带他在田野里玩,看见小青蛙的情景。

小青蛙高兴极了,他站在窗台上放声歌唱,一句句流畅的音符不假思索地从他嘴里唱出来,那么响亮,那么动听,连小青蛙也不知道自己怎么会唱得这么好,他认真地唱着,一首又一首,几乎把他们青蛙家族的老民谣都搬出来了。

歌声驱除了黑夜的恐惧,在"咕儿呱、咕儿呱"的歌声中,孩子渐渐疲倦了,倒在床上睡着了,脸上还挂着亮晶晶的泪花,小青蛙唱着、唱着,唱到最后,他也累了,一头靠在月季花旁睡着了。

就在乘凉晚会歌声婉转悠扬、气氛达到高潮时,谁也不知道,有一只小青蛙却用自己粗鄙而美丽的声音为一个孤独的孩子建立了一个安宁、恬静的心灵家园,而他自己的心也获得了平静与满足。

不知道你有没有碰到过这只可爱的小青蛙,有没有听到过他美丽的歌声?听说他还经常去那个孩子家里,当他孤独寂寞的时候陪伴他度过每一个黑夜,让他在歌声中安静地睡去。听说后来他又参加了一次乘凉晚会,依然有人嘲笑他,可是他已经不在意了,因为他明白:只要能给予别人帮助,带给别人幸福和快乐,那就是最好的。听说那是古老的青蛙家族很久很久以前流传下来的一句话。

当然,这一切都是真实的。

## 26 奇妙的音乐会

夜,静静的,流萤在荷塘上轻轻地掠过,蛐蛐在草丛里低吟,露珠儿在花间闪动着大眼睛。

只有小青蛙不安地在柳树下踱着方步,它已经一个星期不去学校上课了,原因只有一个,那就是它太痴迷于唱歌了,嘴里成天哼哼,结果因为要看歌迷会,袋鼠老师布置的作业,它一个字也没做,在补做的时候,它又不小心把歌词当作业写上去了。小青蛙心中害怕,担心会被老师责罚,干脆就逃学了。

小兔来劝它,它不听;斑马来约它,它不去。不是它不想回到学校,回到袋鼠老师身边,而是它觉得不好意思回去,大家都会笑话它的。

今夜是一年一度的森林音乐会,小青蛙多想身临其境地去感受那热烈的气氛呀,可是它不敢去,万一碰到老师和同学怎么办?大家问起它这几天都没去上课,它怎么回答呢?最后它决定还是不去的好,可是虽然自己不能去,歌曲却不能不听,所以它请最要好的朋友小燕子帮忙,把歌曲录下来带回去听。小燕子很爽快地答应了。

此刻,小青蛙正在翘首盼望小燕子能够快些回来。

夜风徐徐,池塘泛起阵阵涟漪,在浓浓的暮色中,终于看见小燕子在柳枝间穿梭归来了。小青蛙急急忙忙迎上去,问:

"小燕子,快告诉我,今年邀请谁来参加音乐会了?百灵来了吗?"

看着小青蛙那急不可待的样子,小燕子"扑哧"一声笑起来,它从口袋里拿出一盒录音带,神秘地说:

"你先听听看,猜猜这是谁的歌声。"

录音带放进录音机中,一串明快的音乐流淌出来,"叽叽叽,叽叽叽",谁在歌唱?

小青蛙叫起来:"小鸡,小鸡!"小燕子笑眯眯地摇摇头,只听主持人在介绍:"这是水族馆的青年歌手小青鱼为我们带来的美妙歌声。"

小青蛙惊奇地睁大了眼睛。

"汪汪汪,汪汪汪",这是谁在歌唱?

小青蛙看着小燕子,迟疑地猜测:"这是小狗的声音吗?"

"不对!"小燕子回答,"这是河豚的歌声,就像小狗叫,可爱极了!"

小青蛙张大嘴巴,连话都说不出来了。接着,它又听到一阵"嗡嗡嗡、嗡嗡嗡"的声音,像小蜜蜂,可是小青蛙不敢说了,只用眼睛看着小燕子。

"告诉你,这是小鲶鱼在歌唱。"小燕子得意地介绍,"你听,多少观众在鼓掌!"

是呀,是有许多雷鸣般的掌声和喝彩声,紧接着,小青蛙居然又听到"呱呱呱,呱呱呱"的歌声,它简直太奇怪了!这究竟是谁在歌唱呢?

"你以为这是你青蛙家族的人吧?"小燕子指着小青蛙大笑起来,"才不是,这是小黄鱼的歌声!怎么样?好听吗?"

"哦!"小青蛙恍然大悟,"原来今年请的都是水族馆的歌唱家,平时我只是爱唱歌,想不到歌曲中还藏着这样深奥的学问,看来我真的要好好学习了!"

"怎么样?想通了吗?明天和我一起回学校上课吧。"小燕子说,"袋鼠老师和同学们都很想念你!"

"是吗?"小青蛙跳起来,激动地说,"那我现在就去把那本写错的作业改正重写,明天一早交给袋鼠老师!"

"太棒了!你不是逃兵,你是一位真正的勇士!"小燕子说,开心而真诚地微笑着。在它心中还藏着一个秘密,一个大家的秘密:其实这场音乐会是袋鼠老师安排、全班同学共同策划的,目的只有一个,那就是用爱和宽容让小青蛙能够勇敢地正视自己的弱点,意识到自己的错误,早日回到温暖的集体中去。

## 27 爱唱歌的胖奶奶

在一个开满紫荆花的林子里，住着一位胖奶奶，胖奶奶满头白发，还戴着一副眼镜，样子很老很老，可是她是一位爱唱歌的胖奶奶。

她一边剥毛豆一边唱歌，青青的毛豆子就骨碌骨碌地从豆荚里滚出来；

她一边洗衣服一边唱歌，雪白的肥皂泡就在水里和着节拍跳来跳去；

她一边做饭一边唱歌，一连串飘着香味的小音符就随着直直的烟筒争先恐后地跑向林子里。

胖奶奶这么老了，却还孤伶伶的一个人。她的歌唱得那么好，却没人听。

有一年冬天，她在白皑皑的雪地上救回了一只受伤的小燕子。这只小燕子便成了胖奶奶的伴儿。第二年春天的时候，一群可爱的小小燕子出世了，叽叽喳喳又吵又闹。可是只要胖奶奶一唱歌，它们马上就不吵了，一个个把头靠在巢沿上，小眼睛滴溜溜地望着胖奶奶，胖奶奶乐得嘴都合不拢了。

日子一天一天过去。有一天，忽然来了几个鬼鬼祟祟的人，他们看中了这一片地方，想把胖奶奶赶走。其中一个人说："那个老家伙身边一个人也没有，不必担心，我们很容易就能把她赶走的。"于是，他们持着家伙，直奔林子里。

胖奶奶正在院子里浇花，一边浇一边唱着歌。忽然，小燕子从巢里飞出来，一只一只停在她的肩上，开始唱起歌来，喷洒的水珠、篮子里的毛豆、墙角的鸢尾草，也跟着唱起来，歌声那么嘹亮，传到林间，每一枝紫荆花，每一只鸟儿也都跟着唱起来……

巨大的声音汇成一堵厚厚的音乐墙，把那几个坏蛋挡在墙外，他们乖乖地扔下武器，捂着耳朵灰溜溜地跑了。

后来，再没有人来打搅胖奶奶平静安逸的生活，胖奶奶还是和从前一样爱唱歌，和她的小燕子一起过着安宁快乐的日子，一起活到现在。

## 28 谁是好朋友

欢欢和莎莎是两只漂亮又勤劳的小白兔,欢欢住在山脚下,莎莎住在山坡上。她们白天在地里劳动,晚上就睡在草地上数着星星,日子过得平静而自在。可是她们都觉得少了些什么。

"唉,假如我能有许多朋友,那该有多好呀!"欢欢在山脚下叹气。

"如果我有许多朋友,我就不会这么寂寞了。"莎莎在山坡上惋惜。

牛大伯得知了她们的心愿,分别送给她们一粒葡萄籽,并特别神秘地嘱咐:

"这粒葡萄籽会给你带来许多朋友,等到葡萄成熟的时候,你一定要把葡萄和这些好朋友去分享。"

欢欢和莎莎记下了牛大伯的话,春天到了,她们在自家门前种上了葡萄,每天细心地为它浇水、锄草、施肥。一天天过去了,葡萄慢慢地抽出碧绿的叶子,开出一朵朵粉粉的小花,花儿谢了,又结出一串串圆溜溜、亮晶晶的葡萄。看着自己的劳动成果,她们别提有多开心了。

"我的葡萄长得这么好,我的朋友什么时候会来呢?他们会是谁呢?"看着满架的葡萄,欢欢和莎莎翻来覆去地想,想来想去也想不出来。

有一天,天气真热,小羊汗流满面地经过山脚下,看见架子上又大又圆的葡萄,禁不住咽了一大口口水,她不好意思地说:

"欢欢,你的葡萄长得真好,给我吃一串行吗?"

欢欢连忙摇摇手:"不行不行,牛大伯说过,我的葡萄是要等我的好朋友来吃的。"

小羊失望地叹了口气,向山坡上走去。

莎莎正在门口晒衣服,绿油油的葡萄藤蔓在阳光下格外显眼,小羊走过去,不好意思地说:

"莎莎,你的葡萄长得真好,给我吃一串行吗?"

莎莎想了想说:

"我的葡萄是要留给我的好朋友吃的,不过,既然你想吃那我就送一串给你吧。"

说着,莎莎爬上梯子,剪了一大串葡萄送给小羊。

"谢谢你,莎莎。"小羊开心地接过葡萄,"我真希望能成为你的好朋友!"

"好呀,那我们就做好朋友吧!"莎莎和小羊握握手。

小刺猬摇摇摆摆地经过山脚下,看见架子上又大又圆的葡萄,禁不住瞪大了眼睛,他结结巴巴地说:

"欢,欢欢,你的葡萄,嗯,你的葡萄长得真好,给,给我吃一串行吗?"

欢欢皱皱眉头,迟疑地说:"恐怕不行,牛大伯说过,我的葡萄是要等我的好朋友来吃的。"

小刺猬失望地叹了口气,向山坡上走去。他来到莎莎的家门口,亮晶晶的葡萄在他头顶上晃来晃去,他舔舔干裂的嘴唇,结结巴巴地说:

"莎,莎莎,你的葡萄,嗯,你的葡萄长得真好,给,给我吃一串行吗?"

莎莎微笑着说:

"我的葡萄是要留给我的好朋友吃的,不过,既然你想吃那我就送一串给你吧。"

说着,莎莎爬上梯子,又剪了一大串葡萄送给小刺猬。

"谢谢,谢谢。"小刺猬把葡萄背在背上,红着脸问:

"莎,莎莎,你看,我,我能,能做你的朋友吗?"

"怎么不能?"莎莎弯下腰去,握握小刺猬的手,"欢迎你,我的新朋友!"

小刺猬高高兴兴地走了。

莎莎看着小刺猬远去的背影,心想:

"牛大伯说的好朋友还没有来,可是过路的小动物们都很口渴,让我多剪些葡萄来送给他们解渴吧!"

于是,莎莎开始忙碌起来,她在梯子上爬上爬下,剪了满满一篮子的葡萄,邀请每一个过路的小动物都来葡萄架下坐一坐,尝一尝。

而欢欢呢,拒绝了每一个过路的小动物,一个人坐在葡萄架下反反复复地想:"牛大伯说的朋友怎么还没有来呢?"

过了一个月,牛大伯来看莎莎和欢欢,欢欢的葡萄依旧满架,而莎莎的葡萄架上只剩下绿绿的叶子。

牛大伯笑眯眯地问:"你们的朋友来过了吗?"

欢欢摇摇头,纳闷地说:

"我用心地记住了你的话,耐心地等好朋友来,可是……"欢欢委屈极了,"我也不知道为什么,连一个朋友都没有出现。"

"你呢?"牛大伯转过来问莎莎。

"葡萄成熟的时候,我也在等朋友来。"莎莎响亮地回答,"不过,天气这么热,我看到过路的小动物都很口渴,我就把葡萄送给每一个过路的小动物解渴,请他们到我家歇一歇,现在他们都成了我的好朋友。"

"哦!"牛大伯点点头,"我明白了!"

欢欢看看牛大伯,又看看莎莎,心里奇怪地想:"我听从牛大伯的话,一心等待朋友来,莎莎没听牛大伯的话,为什么她反而有了那么多朋友呢?"

她一直想,拼命地想,还是想不通,所以直到现在,她还是一个没有朋友的小白兔。

## 29 红红的印章

小猴楠楠聪明又机灵,可是却有一个最大的烦恼,就是它有一个红通通的鼻子,远远地看上去,像一个熟透了的大草莓。

楠楠为了这个红鼻子不知烦了多少心,又抹药膏又涂药水,可是却一点儿也不见效,害得它无论春夏秋冬,脸上都戴一个大口罩,把红鼻子一起捂进去。

到了上学的年龄,别的小伙伴都欢天喜地地跟着爸爸妈妈去报名,可是楠楠却一个劲地往屋里躲,怎么哄都不出来。他实在怕自己的红鼻子会引来别人的嘲笑。

终于开学了,在爸爸妈妈的劝说下,楠楠勉勉强强地进了学校的大门。他的鼻子上戴着那个片刻不离的大口罩,还在脖子上绕了一条大围巾,绕得只剩下两只圆溜溜的眼睛。

楠楠的样子实在太古怪了,引得其他小动物都对他驻足观看,像看一个怪物一样,最后连山羊老师也注意到了。

她走过来轻轻地说:"楠楠,这么热的天,你怎么还围着围巾呢?我帮你解开来好吗?"

"不不。"楠楠慌忙摇头,"我在生病呢!"

"哦!"山羊老师警觉地说,"是哪里不舒服?"

"没有没有。"楠楠支支吾吾地说。

山羊老师怀疑地说:"楠楠,有什么事可要告诉我呀,千万别隐藏!"

"我没有隐藏!"楠楠觉得受了冤枉,难过地说:"我有一个红鼻子,我怕别人笑话我!"

"哦,是这样!"山羊老师恍然大悟,接着她又温和地说:"我相信那一定是一个很可爱的小鼻子!我们都会很喜欢的!"

"可是……"楠楠迟疑地说,"我的鼻子红得可厉害了。"

"没关系!"山羊老师说着,慢慢解开楠楠的围巾和口罩。

楠楠一下子捂住脸,他等待一阵大笑,可是他没有听到。

他抬起头来,山羊老师正笑眯眯地望着他,其余小伙伴也都笑眯眯地望着他。

"多可爱的小鼻子呀!"山羊老师赞叹说,"真像一个小印章!"

"楠楠!"小松鼠跑过来,举着手上的纸,不好意思地说,"你愿意为我印一个大苹果吗?"

楠楠惊讶地摸摸鼻子,简直不敢相信自己的耳朵。

"印吧!"山羊老师鼓励他,"你的红鼻子用途可多呢!"

楠楠低下头去,真的在纸上印了一个苹果,大大的、圆圆的、红通通的,让人真想咬一口。

"楠楠、楠楠……"小伙伴们纷纷把纸递过来,"帮我印个红气球,帮我印个红草莓,帮我印个红太阳……"

楠楠开心极了,他印了一个又一个,最后还不忘印了一朵红艳艳的花儿,送给慈爱的山羊老师。

在他因红鼻子苦恼,担心被别人嘲笑时,从来没有想到,他也能拥有这样快乐、幸福的时刻。

(2006 年 4 月发表于《早期教育》杂志)

## 30 新年快乐

除夕到了。小猪米拉家里热热闹闹地准备过大年了。客厅里、餐桌上，到处都摆着漂亮的鲜花：百合、水仙、腊梅、三色堇、含苞待放的杜鹃……把家里装扮得喜气洋洋。

妈妈和外婆在厨房里忙着剁菜、拌馅、包饺子，爸爸和哥哥忙着把大门上去年的对联、福字撕下来，贴上新的对联。小猪米拉和隔壁的小雅在房间里看电视，相声、小品、歌舞……，应有尽有。

米拉羡慕地说："什么时候我也能参加舞会，去跳舞呢？"

小雅摇摇头："你还是有点胖，跳舞不好看，电视里都是瘦瘦的人跳舞才好看呢！"

米拉很泄气，她跑到厨房里去跟妈妈说："妈妈，我什么时候能变得很瘦很瘦呢？"

妈妈哈哈大笑："那可没有办法，你看我晚上都不怎么吃饭，可是还这么胖！"

"外婆你说呢？我知道你年轻的时候还唱戏，你那时候是不是很瘦呢？"米拉着急地拽住外婆。

"外婆年轻的时候比你还要结实呢！胖的人也能表演啊！以后你表演，外婆就为你拍手打节奏！"外婆一边絮絮叨叨地说，一边忙着包饺子。

"哼，骗人！"米拉翘起小嘴巴。一溜烟地跑到门口，跟爸爸说这个事儿。

"胖又有什么关系？你看爸爸这么胖，可唱歌的时候中气很足呢！"爸爸总有他的理由。

"那哥哥呢，哥哥这么胖，你能表演什么！"米拉连着问哥哥。

"我可以表演拉小提琴，胖一点可没关系！"哥哥调皮地刮了一下米拉的鼻子，弄得米拉鼻子上都是白糨糊。

"嗯，唱歌、拉琴，胖一点都没有关系！"米拉坐在台阶上想，"可是，我只想跳舞！"

米拉有点难过。

一直到晚上吃团圆饭时,米拉还在想着这个事情呢!

吃完饭,一家子欢欢喜喜地围着电视看春晚啦!只有米拉闷闷不乐。

忽然,家里一片漆黑,断电了!

"真扫兴!"哥哥打了个呵欠,"只能早早地去睡觉啦!"他走向房间。

米拉可不想早早地睡觉去。她坐在沙发上还在想她的事。

忽然从角落里传来一阵美妙的音乐声,一个小小的细细的声音在喊米拉:"米拉,你想参加我们的新春演出吗?"

米拉惊奇地望去,是一个小小的,只有大拇指一般大的小精灵,正站在百合花里向她招手。

她睁大眼睛走过去,百合的花苞瞬间打开,把米拉包裹了进去。

里面灯火通明,小精灵带着米拉沿着台阶向下走去,台阶的尽头是一个很大很大的舞台,装饰得绚丽夺目,一排戴着红帽子、穿着小背心的小精灵正在跳着圆圈舞。

"快来快来!"小精灵们向米拉发出邀请。

"我,我不会跳舞!"米拉一下子觉得自己很慌张。真的,她那么胖,从来没有在这么多人面前跳过舞呢,虽然她很喜欢,但是她只敢一个人偷偷地在房间的镜子面前跳。

"你可以的!"大家不由分说,一起簇拥着米拉开始在舞台上跳起舞来。

大家和着音乐,一起向左转,一起向右转。米拉不用担心自己会转错,因为左边和右边的小精灵都会善意地提醒她。原来,跳舞并没有她想象得那么难,没有人会计较她胖胖的身材,她的动作是否标准、到位,只需要放松地跟着音乐,自由快乐地摆动着。米拉开心地笑起来。

忽然,米拉在人群中看到了妈妈的身影。

"妈妈!"米拉大喊,并挥起了手。

妈妈旁边还有外婆,她们微笑着看着米拉,并伸出手来为她鼓掌、打节奏。是的,包饺子的时候外婆确实说过她要为米拉打节拍的。

哥哥也走上了舞台,他拉着他的小提琴,看到米拉的时候,他向她调皮地眨眨眼睛。爸爸的歌声扬起来,真的,爸爸很壮实,所以唱歌的时候中气很足,声音很浑厚。

米拉摇摆着身体,一圈一圈地跳着。确实,米拉不如那些舞蹈家们有着轻盈的体形、优雅的舞姿,可是,米拉就是米拉,米拉做不了舞蹈家,舞蹈家也无法享受米拉这一刻的真实、自在和快乐。

　　妈妈走过来,一把抱住米拉:"我亲爱的米拉,你是这样一只快乐自在的小猪,就这样做你自己才是最棒的!"

　　"哦,妈妈,我懂了!"米拉亲了亲妈妈。

　　大家也围过来:"米拉,祝你新年快乐!"

　　"祝大家新年快乐!"米拉幸福地笑起来。

　　愿我们在新的一年里,都能实现自己的梦想,拥有不同的精彩!

　　新年快乐!

## 31 科学探秘里的画与诗

成人要善于发现和保护幼儿的好奇心,充分利用自然和生活中的机会,帮助幼儿不断积累经验。小班科学活动时,老师带幼儿去种植园地收获了茄子、蚕豆,并在科学区开展了蚕宝宝的饲养。幼儿在观察、探究、记录的过程中,有哪些发现呢?

以下是一组小班幼儿在科学探秘时的表征,他们用有趣的符号和图画、哲思般的童言稚语表达了他们的认知与感受。

### 第一幅——《茄子受伤了》

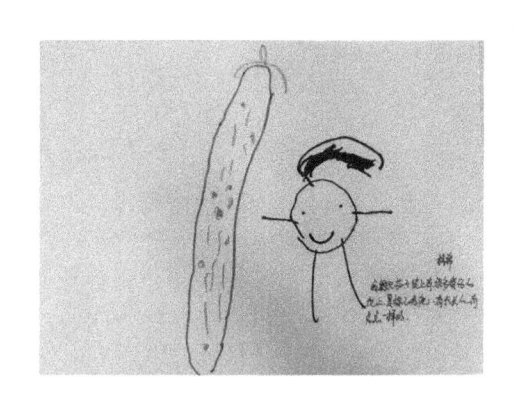

茄子身上有很多疤,
有的疤是长长的,
一条一条的;
有的疤是圆圆的,
一点一点的!
茄子,
你又没有打过架,
身上怎么会有这么多疤?

难道也和我一样特别招蚊子，

　　　　蚊子一咬再一抓，

　　　　身上也留下了一条一条，

　　　　　一点一点的疤。

——梓希（小班 2022.5.12）

**作品解读：** 游戏时间，幼儿用放大镜仔细观察了整个茄子的外表，发现有一个茄子的表皮很特别，有的地方很光滑，还有的地方摸上去很粗糙。上面有很多的疤痕，或是一条一条的，或是一点一点的。于是他把发现记录下来，用紫色代表茄子皮的颜色，用棕色的线条和点点表示茄子表皮上的疤痕。同时，他还联想到自己夏天特别招蚊子，胳膊上被蚊子一咬再一抓，也会出现如此伤痕。也正表现了小班幼儿已经学会迁移运用生活经验，对科学探究活动中出现的现象和疑问积极地寻求答案。

## 第二幅——《微笑的小豆豆》

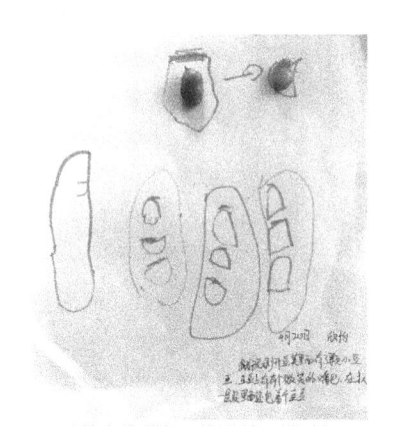

　　豆荚里有一颗小豆豆，

　　　小豆豆有个微笑的嘴巴，

　　　　一直冲我笑个不停，

　　　　我也冲他微笑。

　　　第一次见面，

　　　我们就用这样友好的方式打招呼。

——欣怡（小班 2022.4.20）

**作品解读：** 种植园地里收获了蚕豆，幼儿在剥蚕豆时，发现了蚕豆最顶上有一个弯弯的种脐，并把它称之为"微笑的嘴巴"，她大为惊喜，并乐呵呵地把这一发现记录下来并告知老师。在她的记录里有完整的豆荚和剥开之后的豆荚，用绿色表现了蚕豆荚和蚕豆，特别用反复涂画的粗线条表现了种脐，即令人印象深刻的"微笑"。

## 第三幅——《茄子变脏了》

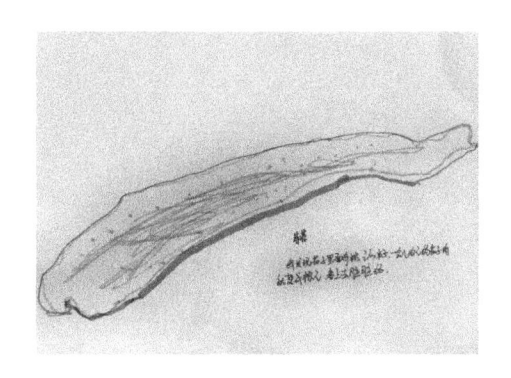

茄子切开来，
趁我们不注意，
一会儿，
他就从白色变成了棕色。
哎呀！
这么脏脏的茄子，
还有谁喜欢吃呢？

——菲菲（小班 2022.5.13）

**作品解读：** 同样是一根茄子，在第一次的整体感知后，教师提供了玩具刀，让幼儿切一切、看一看。结果，幼儿惊奇地发现，当茄子被切开来之后，只过了一会儿时间，里面的肉就从白色变成了咖啡色，并被形容为"脏脏的"，发出"还有谁喜欢吃呢？"的感叹。在她的表征中是一根茄子被切开的解剖面，十分真实地用棕色的笔来回地涂抹，表现变脏的颜色，并用小点点表现茄子肉里的籽。

## 第四幅——《是蚕宝宝吗》

那黑黑的、
　小小的，
　　一颗一颗的，
　　　真的是蚕宝宝吗？
　　　不是草莓籽？
　　　也不是火龙果籽？
　　　那他们是怎么长成
　　那么大、那么白、那么胖的蚕宝宝的呢？
　　　他们突然变身的那一天，
　　　　我一定会吓一跳！

——妞妞（小班 2022.4.22）

**作品解读：** 科学区来了一群小客人，这是一群有着特别模样的"客人"，幼儿将它们形容为：黑黑的、小小的、一颗一颗的。那满纸黑色的点点，表现了幼儿强烈的疑问："真的是蚕宝宝吗？那他们是怎么长成那么大、那么白、那么胖的蚕宝宝的呢？"

### 第五幅——《蚕宝宝搬家》

蚕宝宝长大了。
从小小的蚕变成大大的蚕，
他们也要搬家了，
从小小的屋搬到大大的屋。

——宁宁（小班 2022.5.14）

**作品解读：** 二十余天之后，这群有着特别模样的"小客人"长大了，果真如幼儿们所讨论的那样，变得又大又白又胖，原来的盒子再也住不下了，他们用镊子帮蚕宝宝搬家，新的盒子分别被命名为1号房、2号房、3号房。画面中的幼儿正挥舞着小小的镊子，笑眯眯地把蚕宝宝送到新家里去，手臂的动作充满了韵律感，看起来心情十分愉悦。

**教师评析：** 幼儿的表征是外在事物在幼儿心理活动中的内部再现，一方面反映了真实的客观事物，而另一方面又是幼儿心理活动进一步加工的对象。在此次一系列的科学探秘活动中，幼儿的表征表现为图画记录和语言表达两种方式。他们通过"观察、触摸、切开、剥开、分类"等探究，发现了事物的特征、变化，并引发了一连串的疑问和感叹。在观察、操作、比较中激发兴趣、发现问题、积累经验、体验探究过程，用图画、符号的方式真实地记录自己的发现,并用哲思的语言向教师表达自己的感受。

　　作为幼儿教师,首先要赋予幼儿积极探索的机会和自主探究的时间,引发探究兴趣,让幼儿充分接触和亲近自然,勇于发现和尝试;其次,教师要给予幼儿一对一的表达机会,自由自主地畅谈自己的发现与感受,并鼓励幼儿真实地记录下来,帮助幼儿回顾、梳理和提炼相关经验,最终形成受益终身的学习态度和能力。